CAEN

O Caen lève ton front parmi les cités reines :
Ce beau nom de nouvelle Athènes,
O splendide cité, ce nom, il est à toi !

ALPH. LE FLAGUAIS.

CAEN

PRÉCIS DE SON HISTOIRE

SES MONUMENTS

SON COMMERCE ET SES ENVIRONS

—

GUIDE PORTATIF ET COMPLET

NÉCESSAIRE POUR BIEN CONNAÎTRE CETTE ANCIENNE CAPITALE

DE LA BASSE-NORMANDIE

PAR

G.-S. TREBUTIEN

CONSERVATEUR-ADJOINT DE LA BIBLIOTHÈQUE

CAEN

IMPRIMERIE DE F. POISSON ET FILS

RUE FROIDE, 18

—

1847

AVERTISSEMENT.

Caen fut la cité de prédilection de Guillaume-le-Conquérant , qui lui laissa l'éternelle empreinte de sa puissance et de sa grandeur. Aucune autre ville peut-être n'est aussi riche en glorieux souvenirs, et, comme on l'a si bien dit, ne résume mieux le passé national et chrétien de la France : architecture, science, bataille. Mais c'est l'art qui forma le cercle le plus brillant et le plus durable de sa triple couronne. Malgré trois siècles de profanations, d'ignorance et de ravages, elle est encore couverte d'admirables monuments. Ses églises , merveilles de l'art catholique, son château, ses anciens hôtels, offrent des types remarquables dans tous les styles, depuis le plein cintre roman, jusqu'aux pendentifs de la renaissance. On pourrait y faire tout un cours d'architecture comparée.

Aujourd'hui, qu'un vif mouvement porte vers l'étude de l'archéologie, en même temps que s'accroît la facilité des voyages, nous avons cru faire chose utile aux étrangers et aux artistes, en publiant un petit livre exact, — mérite plus rare qu'on ne croit, — et d'un prix accessible à tous, qui pût les initier à la connaissance de toutes nos richesses monumentales. Nous avons essayé de leur offrir un guide sûr qui les fasse, pour ainsi dire, assister à la fondation de ces édifices, qui les conduise d'âge en âge, de siècle en siècle, leur montrant les changements, les transformations qu'ils ont subies, et leur signale les dévastations ignorantes ou furieuses qui les ont trop souvent mutilés. On a, nous le savons, nos *trois grands hista-*

1

riens : Monsieur de Bras, Huet et l'abbé de La Rue. Mais leurs travaux de tant de savoir et de valeur historique, ne peuvent atteindre ce but. Ces ouvrages sont chers, volumineux, et leur réunion exige une dépense d'argent qui les empêchera toujours de devenir populaires. A la vérité, un homme d'un rare mérite, que nous avons aimé et vénéré entre tous, M. Frédéric Vaultier, a entrepris de les résumer. Son livre abonde en détails consciencieux, en recherches nouvelles ; mais, œuvre dernière et presque inachevée de sa plume, il laisse beaucoup à désirer sous le rapport descriptif. La véritable impression des monuments n'y est point rendue. Dans les monuments comme dans l'homme, il y a le corps et l'âme : les séparer, c'est la mort.

Nous pensons donc que ce petit volume trouvera encore sa place et son utilité, même pour nos concitoyens. Quand on habite une ville tout historique et toute monumentale, c'est un devoir de connaître ses titres à la célébrité. Nous devons savoir qui nous sommes et où nous sommes.

Prenant mission seulement de notre zèle, nous avons quelquefois aussi signalé, dans le présent, ce qui nous semble mal comme ce qui nous semble bien ; les améliorations nécessaires qui se font trop attendre, celles qui ont été mal conçues ou mal exécutées.

Déjà depuis longtemps l'idée de cet ouvrage nous était venue ; mais nous ne l'aurions sans doute jamais entrepris sans un secours qui nous a été généreusement prêté. Un de nos meilleurs amis, M. F. Boisard, conseiller de préfecture, qui à sa capacité administrative joint un si rare talent d'écrivain, a bien voulu mettre à notre disposition l'excellent précis de l'histoire de Caen, qu'il a publié dans l'*Annuaire du Calvados* de 183:. Notre tâche s'est à peu près bornée à en compléter ou plutôt à en refondre la partie monumentale, dont les appréciations ne s'accordent pas toujours avec nos doctrines esthétiques. C'est donc à M. Boisard qu'appartient la meilleure part dans ce petit volume.

Cependant des intercalations et même quelques additions à son travail nous ont paru nécessaires : une surtout était indispensable pour les artistes et les antiquaires qui voudraient étudier notre vieille architecture normande. Caen ne possède pas seul le privilége de les intéresser; on sait combien ses environs sont riches en monuments religieux et civils : églises magnifiques, vieilles forteresses, manoirs seigneuriaux. M. de Caumont mentionne environ soixante-dix specimens d'architecture du XIe et du XIIe siècle, comme renfermés dans le département (1). Nous avons donné l'indication de tous ces principaux monuments. Nous avons aussi, autant que nous l'a permis notre cadre étroit, signalé les lieux remarquables par leur site ou consacrés par quelques souvenirs historiques. C'est là ce qui distinguera particulièrement notre publication de toutes les autres du même genre; car aucune ne parle des environs de la ville, si dignes cependant d'être visités.

Si notre travail peut contribuer à populariser parmi nous, au point de vue de l'art, le culte du passé, et à inspirer le respect et l'admiration des monuments anciens, nous aurons atteint notre but; nous serons heureux d'avoir participé, dans la mesure de nos forces, à ce mouvement régénérateur qui s'opère de toutes parts et sera peut-être la gloire de notre siècle.

Bibliothèque de Caen, 10 avril 1847.

(1) On ne saurait trop recommander aux personnes qui voudraient connaître toutes ces richesses archéologiques la *Statistique monumentale du Calvados,* par M. de Caumont. quatre volumes in-8° avec un grand nombre de dessins. Nous avons beaucoup emprunté à M. de Caumont comme cela doit être quand on a a décrire ce qu'il a déjà décrit lui-même; ce qui est une fois fait, il ne faut point le refaire.

BIBLIOGRAPHIE.

Les Recherches et Antiquitez de la ville de Caen, par Charles de Bourgueville, sieur de Bras. Caen, Jean Lefevre, 1588, in-4°. — Réimpression, Caen, Chalopin, 1852, in-8°.

Origines de la ville de Caen et des lieux circonvoisins, par P. D. Huet, Rouen, 1702.—Le même ouvrage revu et augmenté. Rouen, 1706.

Essais historiques sur la ville de Caen et son arrondissement, par M. l'abbé de la Rue, Caen. Poisson, 1820, 2 vol. in 8°.

Nouveaux essais historiques sur la ville de Caen et son arrondissement, par le même. Caen, Mancel, 1843, 2 vol. in-8°.

Histoire de la ville de Caen, depuis son origine jusqu'à nos jours, contenant la description de ses monuments et l'analyse critique de tous les travaux antérieurs, par Fréd. Vaultier. Caen, Mancel, 1843. in-12.

Histoire de la ville de Caen et de ses progrès, par MM. G. Mancel et Ch. Woinez. Caen, 1836, in-8°

Description des Monuments les plus remarquables de la ville de Caen, par T. de Jolimont, 1825. in-4°.

Indicateur complet de la ville de Caen, guide des étrangers, etc., par Toussaint. Caen, 1835, in-18.

Indicateur de Caen, Bayeux et Falaise. Caen [1847] in-18.

Elogiorum civium Cadomensium centuria prima. Authore Jacobo Cahagnesio. Cadomi ex typographia Jacobi Bassi, 1609, in-4°

De la fondation de Caen, par Kaius, sénéchal du roi Arthur, par G. Mancel. 1844, in 8°.

Caen sous Jean-sans-Terre, fragment historique, par le même, Caen, 1840, in-8°.

Traité historique des statues en bosse érigées dans les places de Caen, avec la description de la chapelle et du cabinet de Michel de St-Martin. Caen, Jean Briand, 1698, in-12.

Chronologie historique des baillis et des gouverneurs de Caen [par l'abbé Beziers]. Caen, G. Le Roy, 1769. in-12.

Notice sur les Francs-Brementi-Canonniers de la ville de Caen, par H. de Formeville. Caen, 1840, in-4°.

Discours de l'entrée faite par très haut et tres puissant prince Henri IIII, roi de France et de Navarre, et très illustre princesse Marie de Medicis, la royne son épouse, en leur ville de Caen, au mois de septembre 1613, [publié d'après le matrologe de la ville, par G. S. Trebutien]. Caen, 1843 —Ce n'est point une réimpression comme l'a cru M. Beuchot.

Lettres-patentes avec les Statuts, pour l'Académie des Belles-Lettres, établie dans la ville de Caen en 1705. Caen, in-4°.

Recherches historiques sur la Prairie de Caen, lues au Conseil municipal de la même ville, le 8 ventôse an XII, par l'abbé de la Rue, in-4°.

Promenade maritime du Havre à Caen, par J. Morlent, 1837 in-8°.

Anciennes maisons de Caen dessinées par G. Bouet, texte par G. Mancel, in-f°.

PLANS.

Le vray pourtraict de la ville de Caen, [1575]. Dans la Cosmographie de Belleforest, et en tête de la réimpression de M. de Bras, Caen, 1833.

Plan de Caen, gravé par Bignon, en 1673. C'est le plus grand et le plus détaillé de tous les plans de cette ville.

Plan et perspective de Caen, par de Lalonde, in-f° en 2 feuilles, 1747°.

Plan de Caen et de son territoire, par Desprez et Morel, 1830.

Plan de Caen à vol d'oiseau, par Lecomte, 1840.

CAEN.

I.

SITUATION,

ÉTENDUE, POPULATION, ETC.

La ville de Caen est située au confluent de l'Orne et de l'Odon, sous le 49e degré 11' 12" de latitude septentrionale, et le 2e degré 41' 55" de longitude occidentale. Les faubourgs occupent les côteaux qui la resserrent dans la riante vallée qu'arrosent ces rivières. Sa plus grande longueur, soit qu'on la prenne de la Demi-Lune jusqu'à l'extrémité de la rue de Bayeux, soit qu'on la mesure de ce dernier point à l'extrémité de Calix, dans le faubourg St-Gilles, est d'environ 3,500 mètres, en droite ligne. On y compte à peu près 6,000 maisons. La population, d'après les derniers récensements officiels, est de 44,087 habitants.

C'était autrefois la capitale de la Basse-Normandie. A la formation des départements, elle devint le chef-lieu de celui du Calvados, et ensuite de la quatorzième division militaire, qui a été transférée à Rouen en 1829.

Caen est le siége d'une cour royale, d'un tribunal de première instance, d'un tribunal de commerce, de deux justices de paix et d'une académie composée de trois facultés.

Sous le rapport religieux, on y compte sept églises paroissiales ou curiales, et deux succursales ; savoir : cures de première classe, St-Etienne, St-Jean et Vaucelles ; cures de seconde classe, St-Pierre, St-Sauveur, Notre-Dame et St-Gilles ; succursales, St-Ouen et St-Julien.

L'église consistoriale réformée de Caen, embrasse dans son arrondissement les départements du Calvados, de la Manche et de l'Orne.

On jouit à Caen d'une température assez douce, mais généralement humide. Les vents du nord-ouest et du sud-ouest sont ceux qui y soufflent le plus habituellement.

Ses monuments, ses quais et ses promenades, notamment

celles qui sont situées sur les bords de l'Orne, en rendent le séjour agréable, et lui assignent un rang distingué parmi les villes du royaume.

ARMOIRIES.

La ville portait anciennement de gueules au château donjonné d'or. Suivant Huet, lorsque Charles VII l'eut reprise sur les Anglais, pour reconnaître sa fidélité, il lui fit porter coupé d'azur et de gueules aux trois fleurs de lys d'or. Dans le XVIe siècle, la ville accolait ses armes à celles de Normandie. Sous l'empire, Caen obtint de nouvelles armoiries, ainsi blasonnées dans les lettres patentes de concession : « De gueules au château donjonné d'une tour crénelée d'or, ouverts, ajourés et maçonnés l'un et l'autre de sable, au chef cousu des bonnes villes, qui est de gueules à trois abeilles d'or, et pour livrées les couleurs de l'écu. » La restauration rendit à la ville les armoiries de Charles VII. En 1830 elle a repris celles de l'empire, mais en supprimant les abeilles.

II.

PRÉCIS HISTORIQUE.

ORIGINE.

Toutes les fois que la fondation des villes ne se rattache pas à quelques événements qui en déterminent la date, il est rare que les recherches les plus laborieuses puissent suppléer à cette lacune de l'histoire. En les supposant exercées avec une saine critique, ces recherches n'ont ordinairement pour résultat que de fixer l'époque où l'on a commencé à faire mention de leur existence : tout le reste repose sur des conjectures

C'est ainsi que, pendant que quelques auteurs attribuaient à Jules César la fondation de la ville de Caen (1), d'autres, peu satisfaits de cette origine romaine, la faisaient remonter à Cadmus. M. de Bras, qui rapporte avec sa naïveté ordinaire les différentes opinions qui avaient quelque crédit de son temps, cite un passage de l'historiographe Paul Emile, en faveur de la première origine. Huet rejette avec raison cette

---

(1) *Cadomus*, de *Cai domus*. — Voyez aux *Anecdotes et Curiosités*, l'article sur la *Ville romaine*.

conjecture. On peut penser avec lui que, si Caen avait été une ville du temps de la domination romaine, ce fait aurait été constaté par les historiens ou par les géographes. Ses commencements peuvent être fort anciens : il n'est même pas impossible qu'ils remontent jusqu'à la conquête de César, ou du moins jusqu'au temps qui l'a immédiatement suivie ; mais, selon l'abbé de La Rue, le plus ancien titre qui fasse mention de cette ville, est une charte du duc de Normandie Richard III, souscrite vers l'an 1015. Elle y est nommée *Cadon*. A la vérité, l'ancienne Chronique de Normandie, publiée en 1487, par Guillaume Le Talleur de Rouen, la fait figurer comme cité vers l'année 945, époque des démêlés du duc Richard 1er avec Louis d'Outremer. Il paraît que c'était dès ce temps-là une ville importante. Or, Raoul ou Rollon ne s'étant établi en Normandie que 33 ans avant le règne de Richard, il n'est pas présumable que Caen ait été fondé dans l'intervalle. On peut donc, selon toute apparence, se refuser à lui assigner une origine normande, et penser avec l'abbé de La Rue, que les Saxons, séduits par les avantages de la position qu'elle occupe, ont été ses premiers fondateurs.

Elle est désignée dans les anciens actes sous une foule de noms différents : *Cathim, Cadun* ou *Cadum, Cahom* et *Cahen.* Wace, poëte du XIIe siècle, lui donne indistinctement ceux de *Cahen, Chaem, Cam* et *Coan.*

L'opinion qui attribue sa fondation aux Saxons repose sur des probabilités tirées des usages et de quelques appellations de ces peuples, dont les irruptions, commencées vers la fin du IIIe siècle, ne se terminent guère que vers le milieu du VIe. Il faut croire qu'après avoir ravagé nos contrées et enseveli sous des ruines les cités des Viducasses et des Lexoviens, le besoin de leur propre conservation inspira enfin le goût des établissements parmanents à ceux qui, sous l'ancienne dénomination des *Sesnes,* habitaient entre la Dive et l'Orne, et entre l'Orne et la Seulle, les contrées désignées alors sous les noms d'*Otlingua Saxonia* et d'*Otlingua Harduini.* Réunis en corps de nation, ils ne tardèrent pas à se civiliser. On croit que leur conversion au christianisme eut lieu vers le milieu du VIIe siècle, et qu'elle est due à saint Regnobert, auquel on attribue la fondation de quatre églises dans la ville de Caen (1).

_____

(1) St-Sauveur, Notre-Dame, St-Pierre et St Jean.

Caen sous les ducs de Normandie.

Selon l'abbé de La Rue, la ville de Caen, sous Guillaume-le-Conquérant, était arrosée par la branche de l'Orne (*Olmula*) qui part de la chaussée de Montaigu, et par le vieux et le nouvel Odon qui s'y réunissaient, le premier dans l'abreuvoir de la Prairie, et le second au pont St-Pierre. Huet avait prétendu qu'à cette époque l'Orne passait tout entière sous le pont de Vaucelles. Il est probable que la direction de ces cours d'eau a été souvent modifiée, selon les besoins de l'industrie et de la défense de la Cité. Laissons aux antiquaires ces recherches qui ne peuvent être utiles que pour combattre ou créer des systèmes.

On doit à Robert Courte-Heuse cette seconde dérivation de l'Orne, qui formait une île du quartier St-Jean. Le canal qu'il fit creuser et qui porte encore son nom, passait d'abord à travers le champ de Foire, au lieu de l'entourer comme il le fait depuis la fin du XVIe siècle, arrivait au pont St-Jacques d'où il gagnait, comme aujourd'hui, celui de Darnetal, appelé maintenant le *pont St-Pierre*. De là, empruntant probablement le cours de la petite Orne et des deux Odons, il allait se réunir à la rivière vers la tour Machart, démolie en 1830.

M. de La Rue fait remonter à la même époque l'ouverture du canal qui formait une île de l'emplacement des Casernes et passait sous le moulin de l'Hôtel-Dieu. Selon Huet, ce canal aurait eu une origine plus ancienne. Le premier ne motive pas son opinion ; l'autre se fonde sur la position de la porte Millet, qui, s'il faut en croire M. de Bras, existait dès le temps de Guillaume.

Ancien Caen.

Huet cherche à établir, dans ses *Origines de Caen*, que la ville n'occupait, sous le Conquérant, que la partie de son emplacement actuel, sur la rive gauche de l'Odon Il était borné au nord-ouest par le côteau qui s'étend depuis l'abbaye St-Etienne jusqu'au Château ; au sud-est, par des prairies occupées aujourd'hui par le quartier de la place Royale. Sa plus grande longueur se comptait de l'église St-Etienne jusqu'à Darnetal, nom du lieu où l'on a, depuis, élevé l'église de St Pierre. désignée, dans l'origine, sous le nom de *St-Pierre-sous-Caen*.

Mais il est constant que, dès cette époque, une chaussée

qui conduisait du pont de Vaucelles au pont de Darnetal, était bordée de maisons formant un faubourg assez étendu, qui devint l'île St-Jean, lorsque Robert eut fait creuser le canal qui porte son nom, en opérant la dérivation de l'Orne au moyen de la chaussée Ferrée dont on voit encore les restes au haut du Petit-Cours.

Vaucelles, qui n'était alors qu'une paroisse séparée de Caen, sous le patronage de St-Michel, devint un faubourg de cette ville. Il communiquait avec l'ancien Caen par une chaussée qui se dirigeait de l'abreuvoir de Vaucelles au pont aux Vaches, en traversant la prairie.

Cette opinion de Huet sur le premier emplacement de la ville, avait été aussi celle de M. de Bras. Elle n'a pas été adoptée par l'abbé de La Rue. « Pour trouver le plus ancien quartier d'une ville, dit cet antiquaire, il faut toujours chercher les premiers établissements qui sont nécessaires dès l'origine des cités, comme les tribunaux, les prisons, les marchés, les boucheries, les hôpitaux, etc. Or, dans les temps anciens comme dans les temps modernes, aucun établissement de cette espèce n'a existé sur l'ancienne paroisse St-Etienne ; ils se trouvent, au contraire, dès le XIᵉ siècle, tous réunis au Château même et dans ses environs. »

La construction du Château remonte à la seconde moitié du XIᵉ siècle. « Cette destination du terrain de l'ancien Caen, dit encore l'écrivain qui vient d'être cité, dut forcer ceux qui l'habitaient d'aller se fixer dans les autres quartiers de la ville. » Il ajoute que, dès l'année 1077, elle était entourée de murs qui renfermaient toute la paroisse St-Sauveur, et une partie des paroisses de Notre-Dame, de St-Pierre, de St-Etienne, de St-Martin et de St-Julien. Il ne reste aujourd'hui de cette circonvallation que les Petites Murailles et quelques débris qui longent le grand Odon, derrière la rue de la Boucherie.

Anciennes portes.

On pénétrait par huit portes dans cette enceinte qui a subsisté jusqu'en 1346 :

La *porte du pont de Darnetal*.

La *porte de la Boucherie* ou de Notre-Dame, dans la Venelle-aux-Chevaux, à l'endroit où passe le vieil Odon.

La *porte St-Etienne*, près de l'église de ce nom ; elle a été abattue en 1758.

La *porte Arthur* ou *porte au Duc*, par laquelle on accédait à l'abbaye St-Etienne. C'est par cette porte que Charles VII fit son entrée dans Caen, en 1450.

La *porte du Marché* ou porte de Bayeux, au haut de la rue Pémagnie.

La *porte Calibort* ou St-Julien, au haut de la rue de Geôle.

La *porte au Berger*, dans l'espace situé entre la rue de l'Amontoir de la Poissonnerie et la rue du Vaugueux.

La *porte du Bac* ou St-Malo, entre la rue de ce nom et la rue Basse-St-Gilles.

Robert Courte-Heuse ajouta à cette enceinte primitive en entourant de murs l'Ile-St-Jean. Son frère, Henry Ier, exhaussa ceux du Château en 1123, et y fit construire le donjon. Les successeurs de ces princes, livrés presque sans cesse aux rivalités d'une domination mal assurée, loin d'augmenter les moyens de défense de la ville, ne prirent aucun soin de leur entretien. Il en fut de même pendant les premiers temps de la réunion de la Normandie à la couronne de France (1204). Les fortifications de Caen, si l'on peut donner ce nom à des remparts, ou plutôt à des murailles élevées à la hâte, étaient si faibles qu'elles ne purent résister, en 1346, aux premiers efforts d'Edouard III, roi d'Angleterre.

Prise de Caen par Edouard III et par Henry V.

Ce prince, qui eut un instant l'intention de détruire la ville, se contenta de la piller, sur les représentations qu'on lui fit, et l'abandonna au bout de quelques jours pour marcher sur Rouen. Après son départ, les habitants obtinrent de Philippe de Valois l'autorisation de la fortifier.

Quelque importants que fussent les travaux exécutés dans ce dessein, pendant plus d'un demi-siècle, elle fut prise, après deux assauts, en 1417, par Henry V. Il est vrai qu'il employa de l'artillerie à ce siège, et que la ville était dépourvue de sa garnison. Les Anglais y pénétrèrent par la porte des Jacobins, qui était située près du pont St-Jacques. Ils la possédèrent pendant trente-trois ans et ne négligèrent rien pour la mettre en un état de défense respectable. Charles VII, vainqueur à Formigny, la reprit sur eux, par capitulation, en 1450, après que ses généraux l'eurent inutilement assiégée et battue en brèche sur plusieurs points.

Pendant la domination anglaise, Caen s'enrichit de plusieurs institutions utiles dont il sera parlé ailleurs, et continua de prospérer sous le pouvoir de nos rois. On peut voir dans les *Recherches et Antiquités* de M. de Bras, qu'elle était très florissante de son temps, en la comparant du moins aux autres villes de la province ; car il faut se défier un peu des exagérations patriotiques de cet écrivain, qui fut plutôt un excellent citoyen qu'un historien qu'on puisse consulter avec confiance. Le plan qu'il avait envoyé à Belleforest, montre qu'elle était loin d'être alors ce qu'elle est devenue depuis, quoique ce ne soit encore qu'une ville de troisième ordre. Elle était divisée en deux parties, entourées de murailles. La première, ou l'île St-Jean, communiquait avec l'autre par la porte de St-Pierre, la porte du Moulin où l'on a ouvert depuis la rue Hamon, et la porte qui était voisine du pont St-Jacques. Tout l'espace qui forme aujourd'hui la place Royale et ses environs, était occupé par une prairie. Les murs de l'ancien Caen suivaient, en partant de St-Pierre, le cours du vieil Odon, remontaient derrière l'église St-Étienne, et, laissant à gauche l'abbaye du même nom, revenaient parallèlement à cette rivière, enclore les Cordeliers et le Château, d'où ils descendaient verticalement par la Porte-au-Berger jusqu'à la tour Guillaume-le-Roy, au-dessous de l'église de Darnetal.

Toutes ces murailles, construites à diverses époques, étaient flanquées d'une vingtaine de tours dont on peut voir le catalogue dans les Origines de Huet. Nous n'en mentionnerons que quelques-unes.

Tours de la ville.

La *tour Guillaume-le-Roy*. L'historien qui vient d'être cité la regarde comme une des plus anciennes de Caen. C'était le seul débris resté debout et entier des fortifications de la ville. On en a démoli la moitié il y a deux ou trois ans, pour y accoler une misérable construction, sans que l'autorité ait fait la moindre tentative pour empêcher cet acte de vandalisme, sans même qu'une seule voix se soit élevée pour le flétrir.

La *tour au Massacre* ou plutôt la tour *Machart*, du nom d'un bailli de Caen qui vivait en 1346, était située près du lieu où le canal du duc Robert se jetait autrefois dans l'Orne. On a vu qu'elle a été abattue en 1830.

Les moulins de l'Hôtel-Dieu donnaient leur nom à la tour dans laquelle ils étaient placés. Saint Louis les avait, dit-on, concédés à cet établissement en 1255. On croit que la tour qu'on a commencé à démolir au mois d'octobre 1830, n'était pas antérieure à l'année 1474. M. de Bras l'appelle la *tour Malguéant*.

La *Tour-ès-Morts*, sur le rempart qui faisait suite à la porte

Millet. On pense qu'elle tirait son nom du cimetière de l'Hôtel-Dieu, à l'extrémité duquel elle est bâtie, à l'angle qui regarde vers Montaigu.

Venaient ensuite la *tour Anzeray* et la *tour Pendant*. On voit encore les restes de la première; l'autre qui était placée au bout du jardin des Jacobins, fut détruite à la fin du XVIe siècle, lorsqu'on éleva le boulevard de *la Cercle*, qui a été aplani de nos jours.

La *tour St-Jacques* fut abattue avec la porte des Jacobins, à la fin du XVIIe siècle, quand on ouvrit la rue de Bernières.

La *tour de la Boucherie*, dans laquelle était pratiquée la porte du même nom, dans la Venelle-aux-Chevaux. On lui donnait quelquefois aussi le nom de *tour Méritain*.

La *tour Chastimoine*, appelée en dernier lieu la *tour des Fous*, parce qu'on y renfermait les insensés, fut détruite pour faire place aux constructions du Palais-de-Justice. Elle avait été bâtie sous Charles VII, qui, lors de l'attaque de la ville par ses troupes, avait remarqué que ce point n'était pas suffisamment défendu.

La *tour de Silly* ou des Cordeliers, qui donnait sur les fossés St-Julien, fut commencée en 1497, par Jacques de Silly, bailli et gouverneur de Caen.

Huet cite quatorze portes par lesquelles on avait accès dans l'enceinte de ces fortifications; plusieurs étaient pratiquées dans les tours. Sept subsistaient et étaient fréquentées en 1706, lorsqu'il publia la seconde édition de son livre; savoir :

Dans l'ancienne ville, la porte de Bayeux, la porte de St-Julien, la porte au Berger, la porte de St-Pierre, la Porte Neuve, bâtie en 1590, près de l'emplacement actuel de l'hôtel de la Préfecture, et la porte de St-Étienne.

Dans l'île St-Jean, la porte Millet.

Trois étaient ruinées : la porte de la Boucherie, la porte des Jacobins et la porte du Moulin.

Les quatre autres, la porte Arthur, la porte du Bac, celle des Mineurs, derrière le jardin des Cordeliers, et celle de l'île Renaud, près de la porte St-Étienne, étaient murées.

La plupart de ces portes étaient fort anciennes. De ce nombre étaient celle du Bac et celle de St-Étienne, à laquelle elle correspondait; la porte Millet, la porte St-Julien, et surtout la porte de Bayeux, qui furent établies sur la ligne des grandes communications entre l'Hiémois, le Bessin et le littoral de la Province.

On a vu que quelques-unes des tours qui flanquaient les remparts subsistent encore. Il en est de même de quelques parties des anciens murs de l'enceinte, en face des casernes et le long du canal du duc Robert, ainsi que sur les fossés St-Julien, et aux environs du Château. Tout le reste a disparu. Aucune partie de la ville n'a échappé à la marche du temps et de la civilisation. Ces grands changements se sont opérés dans l'espace d'un siècle, et la plupart ne remontent pas à quarante ans. Une domination paisible, un système de défense mieux entendu, les besoins d'une population qui s'accroît, ont dû faire prendre à la ville une face nouvelle. Hérissée pendant sept cents ans de fortifications trop souvent inutiles, elle s'en est tout-à-fait dépouillée dans le XVIIIe siècle. Caen est aujourd'hui une ville entièrement ouverte; ses faubourgs en font partie intégrante. Ils sont au nombre de quatre : Vaucelles, le Bourg-l'Abbé, St-Julien et St-Gilles.

Il est regretable d'avoir vu presque entièrement disparaître ces vieilles murailles couronnées de créneaux , dont M. de Bras parle avec tant d'admiration , et qui rendaient si pittoresque l'aspect de la ville. En Angleterre, notamment à York , il s'est formé des associations pour subvenir à l'entretien des anciens murs d'enceinte, au moyen d'une souscription annuelle. Mais en France, nous ne sommes satisfaits que quand nous avons donné à nos villes l'air d'un grand village.

III.

PONTS ET QUAIS.

PONTS.

Le *pont de Vaucelles*, qui est le seul qui établisse une communication entre les deux rives de l'Orne, doit être le plus ancien de Caen. On y fit de grandes réparations pendant la domination des Anglais. Celui qui a été remplacé en 1825 avait été construit en 1530 par le duc de Ferrare, engagiste du domaine de la ville. On l'appela anciennement le *pont St-Michel* et ensuite le *pont Frileux*, « pour estre situé, dit M. de Bras, entre deux grandes prairies où les vents soufflent impétueusement tant d'amont que d'aval; » il conservait encore ce nom dans le XVIIe siècle. Le pont actuel, entièrement bâti en granit de la Hougue, a été exécuté d'après les plans et sous la direction de M. l'ingénieur en chef Pattu. M. le comte Montlivault, alors préfet du département, en posa la première pierre le 21 juillet 1825. Le pont fut livré au public le 4 novembre de l'année suivante. Il a coûté plus de 350,000 fr.

Le *pont St-Pierre* est probablement d'une date aussi ancienne que celui de Vaucelles. Avant Robert Courte-Heuse, ce pont ne servait qu'à traverser l'Odon. Il dut être reconstruit à l'époque où ce duc y fit passer les eaux de l'Orne. Il est également présumable qu'il subit d'autres changements, lorsqu'au commencement du XIIIe siècle on éleva sur ses arches une espèce de forteresse où l'on plaça l'Hôtel-de-Ville, comme nous le verrons ailleurs. On lui donnait quelquefois le nom de *pont de Caen.*

On croit que le *pont St-Jacques* fut bâti sous le duc Robert, ou du moins sous son frère Henri Ier, pour le prolongement de la chaussée du même nom, qui conduisait de la porte Millet à celle de la Boucherie. Le pont actuel a été construit en 1838.

Le *pont de la Foire* date du commencement du XVIIe siècle; il était d'abord en bois.

Le *pont aux Vaches* servait jadis à réunir les deux parties d'une ancienne chaussée appelée la *Voie-St-Michel,* dont on a retrouvé les traces en plantant, en 1676, le cours qui est parallèle au canal du duc Robert. Il est situé un peu au-dessus de l'endroit où une dérivation de l'Orne vient de Montaigu se réunir à celle qui part de la chaussée Ferrée, après s'être elle-même grossie des eaux de deux dérivations de l'Odon, qu'on appelle les *Noes.*

Le *pont des Prés* fut construit en 1690, pour ouvrir une communication entre la prairie et le grand Cours qui venait d'être planté.

Le *pont St-Louis,* sur le canal du duc Robert, fut d'abord construit en bois. Celui qui le remplace a été bâti de nos jours.

Le *pont d'Amour,* sur le même canal, doit remonter à l'époque où la direction en fut changée. La première pierre du pont actuel fut posée le 14 décembre 1786, par la comtesse de Faudoas.

Le *pont de l'Abreuvoir-des-Jésuites* ou pont St-Laurent, sur l'Odon, est de 1626. Il a été reconstruit en 1829, sous la direction de M. Guy, architecte de la ville.

Il existait anciennement sur la partie de l'Odon qui coule en face et au bout de la Rue-Neuve St-Jean, un petit bac appelé vulgairement *le Petit Bateau*; on y percevait un péage. Il fut remplacé en 1825 par un pont en bois, détruit en 1846, lorsqu'on a creusé le dock actuel, et remplacé par le canal couvert et le canal de dérivation, dont l'un se trouve en tête de ce dock; l'autre lui est parallèle et débouche dans l'Orne au Rond-Point.

Le pont qui existait au bout de la rue des Carmes a été supprimé après la construction du dock. Il n'a pas été remplacé pour passer d'un côté à l'autre sur ce point, mais seulement pour couvrir le canal latéral dont nous venons de parler.

QUAIS.

Sous nos premiers ducs, le quai le plus fréquenté était situé près de la tour Guillaume-le-Roy, d'où les marchandises se transportaient dans la ville par la porte du Bac et par la porte au Berger. Les quais ont, par la suite, été placés sur la rive droite du canal des Odons et de la petite Orne, qu'ils occupaient entièrement depuis le pont St-Pierre jusqu'à la tour Machart. Il en avait été établi un pour le transport des pierres des carrières de Vaucelles, dans le *Pré-de-l'Ile*, entre le pont Frileux et la porte Millet.

On doit à l'ingénieur en chef Lefebvre, et à M. Cachin, son successeur, la disposition actuelle du port de Caen, ainsi que le redressement de la rivière et du canal. Les murs du quai furent commencés en 1787. Après une interruption de près de trente-six ans, on a terminé la partie qui les rattache au pont de Vaucelles.

IV.

RUES ET PLACES PUBLIQUES.

Il est assez difficile de déterminer l'origine de ces rues et de ces places, dont les noms ont d'ailleurs varié à l'infini, au gré des caprices d'une administration quelquefois reconnaissante, mais souvent obséquieuse, et toujours empressée à se plier aux circonstances du moment. Ces rues sont en très grand nombre, surtout dans les faubourgs, celui de Vaucelles excepté. Nous ne parlerons que des principales.

Le faubourg de Vaucelles est traversé par trois routes royales.

La *route de Paris à Cherbourg* suit dans la ville la direction de la rue d'*Auge*, anciennement appelée la *rue Neuve*, jusqu'à sa rencontre avec la rue du *Pont-de-Vaucelles*, où nous la reprendrons tout à l'heure.

La *route de Tours à Caen* y pénètre par la *rue de Falaise* qu'elle suit jusqu'au carrefour de la Croix-de-Vaucelles, où elle s'embranche avec la route de Paris à Cherbourg.

Enfin la *route d'Angers à Caen*, dont la prolongation est formée par la *rue Branville* et par la rue de l'*Eglise-de-Vaucelles* (anciennement la *rue St-Michel*), jusqu'au point où elle se termine dans la rue de Falaise. Au delà de l'Orne, la route de Paris à Cherbourg traverse la place des Casernes ; elle se dirige ensuite jusqu'au pont St-Pierre par la *rue St-Jean*, appelée par M. de Bras la *bellissime et large rue Exmoisine*, et par d'autres la rue *Humoise* ou *Hiemoise* (via *Oximensis*), parce qu'elle conduit au pays d'Hièmes, dont le comté était anciennement séparé du Bessin par la rivière d'Orne. A l'époque où cet historien écrivait, les vieilles maisons de cette rue avaient, pour la plupart, des arcades, et étaient construites en bois de châtaignier.

On trouve à droite :

La *Rue de la Place* ouverte vers 1850 sur l'emplacement de l'ancien Hôtel-Dieu, dont on voit encore, à gauche, en allant vers le port, une salle voûtée, dernier débris de ce vénérable édifice. Son nom lui a été donné en l'honneur du célèbre mathématicien né à Beaumont-en-Auge. C'est fort bien ; mais il semble qu'il y a des hommes également illustres qui tenaient à la ville de Caen par des liens plus étroits.

La *rue Frementel*, élargie il y a quelques années dans la partie qui donne sur le quai.

L'ancienne *Impasse-des-Ursulines*, que M. Singer a fait convertir en une belle et vaste rue à laquelle on a donné son nom.

La *rue des Carmes*, qu'on nommait autrefois la rue *St-Jean-sur-Rive* et la *petite rue St-Jean*. Elle se terminait anciennement par une place située devant le couvent des Carmes.

La *rue Guilbert*, qui portait ce nom dès le XIIe siècle et qui l'avait reçu de son principal propriétaire, Guilbert du Marché. M. de Bras y possédait un hôtel. Pendant les dernières années de l'empire on l'appelait *rue Napoléon-le-Grand*, en commémoration du séjour qu'y fit l'Empereur en 1811.

La *rue de l'Enganncrie* ou des *Cordes*. Le premier de ces noms vient de celui de la *Gaisnerie* qu'elle portait dans le XIVe siècle.

La *Neuve-Rue*, appelée depuis *rue de la Poste* et maintenant la *rue Neuve-St-Jean*. Elle est mentionnée sous le premier nom dans des actes du XIIe siècle.

La *rue des Quais*, anciennement la *rue des Seules*, la *rue de la Rive* ou de la *Grande-Rive*, s'étendait depuis le pont St-Pierre jusqu'à la rue des Carmes. Des quais nombreux y formaient un port renommé dès le XIe siècle. C'était dans cette rue que se tenaient les foires franches établies en 1470, comme nous le verrons ailleurs.

Les rues qui aboutissent dans celle de St-Jean, à gauche, toujours en partant de la place des Casernes, sont :

La *rue de l'Hôpital* ou *rue St-Louis* qui n'a été percée que dans la seconde moitié du XVIIe siècle.

La *rue Jean-Romain*, dont on termine les dernières constructions au moment même où nous y corrigeons les épreuves de ce petit livre. La maison de Huet est située tout auprès de cette rue, dans la cour du Grand-Manoir ; il paraît que la ville de Caen a trouvé que l'architecte qui l'a dotée de l'Hôtel de la Préfecture avait plus de droits à sa reconnaissance que l'illustre prélat, *l'un des plus savants hommes du monde,* qui a écrit son histoire et recherché ses origines avec un amour égal à son immense érudition.

La *rue des Carmélites*, ouverte il y a environ cinquante ans sur l'emplacement du couvent occupé par ces religieuses.

La *rue de l'Oratoire*, anciennement la rue *St-Jacques* ou des *Jacobins* ou des *Cordes*.

La *rue de Bernières*, ainsi appelée d'une famille de ce nom. Elle fut mise, en 1675, dans l'état où nous la voyons aujourd'hui.

Ces cinq dernières rues donnent dans celle des *Jacobins*, par laquelle on communique du pont St-Jacques au pont St-Louis. A peu près au milieu de cet espace, on trouve l'ancienne rue *de la Comédie*, par laquelle on arrive à la place du même nom.

La route de Paris à Cherbourg, dont nous allons continuer de suivre la direction, traverse le carrefour St-Pierre qui fut formé en 1635 par la démolition des maisons dont il occupe l'emplacement, et où se tient aujourd'hui le marché aux fruits et aux fleurs. Elle tourne de là à gauche par la *rue St-Pierre* et ensuite par la *rue Notre-Dame* jusqu'à la place de la la Belle-Croix.

La rue St-Pierre a porté différents noms, tels que celui de *la Confiserie*, donné à la partie située avant la *rue des Teinturiers*, et celui de la *Mercerie*, donné à celle qui s'étend jusques à l'ancienne halle au blé. C'était devant la porte de cette halle qu'était placé, avant la révolution, le carcan où les criminels subissaient l'exposition. Du temps de M. de Bras, et longtemps après, cette rue était garnie de porches qui ont successivement disparu.

La *rue Hamon* qui y aboutit fut commencée en 1670. Elle dut son nom a un riche marchand qui demeurait dans une des deux venelles qu'elle a remplacées.

La *rue Notre-Dame* s'appelait dans le XVe siècle la rue de la *Grande-Boucherie*. On accédait par cette rue à l'hôtel des Monnaies, dont la ville obtint l'établissement en 1550. La boucherie qui est fort ancienne, était autrefois une propriété du domaine qui l'a aliénée à des engagistes.

La *rue Froide-Rue* existait dès le XIe siècle. On croit qu'elle prit ce nom de celui d'un de ses principaux propriétaires, selon l'usage assez généralement adopté à cette époque. Des imprimeries et des magasins y furent établis dès le XVe siècle.

La *rue au Canu*, la *rue de l'Odon*, anciennement la rue *Vidio* ou *Vidiou*, la *rue aux Fromages* devaient ces noms à des familles qui les habitaient. L'auteur des Essais historiques sur la ville de Caen croit que Pierre Gringore, poëte contemporain de Jean Marot, est né dans la rue de l'Odon. La rue aux Fromages était souvent désignée sous le nom de *rue Monte-à-Regret*, parce qu'on y faisait passer les criminels pour aller au supplice, lorsque les prisons étaient situées dans la rue de Geôle.

La rue qui a conservé le nom de *Venelle-aux-Chevaux* ne fut formée qu'en 1613.

La *rue de la Boucherie* comprenait jadis la *rue Pailleuse* et se nommait la *rue des Prés*.

La *place de la Belle-Croix* est appelée aujourd'hui *Place Malherbe*. On croit que ce poëte y naquit en 1555, dans une maison située au coin de la rue de l'Odon, ou plutôt dans celle qu'elle a remplacée, car elle n'a été bâtie qu'en 1582. M. de Bras nous a laissé une description curieuse de la croix qui avait donné son nom à cette place. Les protestants l'abattirent pendant les troubles de 1562. Michel de St-Martin, connu de toute l'Europe pour ses singularités et pour avoir fourni à Molière l'idée de son *Bourgeois Gentilhomme*, mais à qui on doit plusieurs embellissements et des fondations utiles, y en établit un autre qui subsista jusqu'à la révolution.

La *rue St-Laurent*, qui conduisait de la Belle-Croix à la Porte-Neuve, fut élargie en 1669, dans la partie qui donne sur cette place. Tout ce quartier était coupé de venelles sales et étroites.

Au commencement du XVIIe siècle une prairie, qu'on appelait les *Petits-Prés*, occupait encore la partie de la ville qui forme maintenant le quartier de la *Place Royale*. Elle était traversée par la chaussée St-Jacques, entre la porte des Jacobins et la porte de la Boucherie. La place ne prit le nom qu'elle porte qu'en 1685, lorsqu'on y érigea une statue en pierre à Louis XIV. Elle fut renversée de nuit en 1792 par des stipendiés du club des Jacobins. La statue en bronze qu'on y voit aujourd'hui y fut placée le 24 avril 1828. C'est l'ouvrage de M. Petitot fils ; elle a onze pieds de haut, et a coûté 35,000 fr., sans y comprendre la dépense de la grille et du piédestal. La place est entourée d'une balustrade de pierre et d'un rang de tilleuls qui contribuent à son embellissement.

A partir de la place Malherbe, la route royale de Paris à Cherbourg, suit la *rue Ecuyère*, où l'on remarque un ancien hôtel qui a appartenu à la famille Bureau, dont l'un des membres fut vicomte de Caen après la conquête de Charles VII. Elle traverse ensuite la *Place Fontette*, qui a reçu de nos jours sa disposition actuelle et doit son nom à l'ancien intendant, la *rue Guillaume-le-Conquérant*, le carrefour de la *Croix du Bourg-l'Abbé* ou de la *Vieille-Boucherie*, et enfin la *rue de Bayeux*, qui est citée dans les chartes de Guillaume, et qui portait dans le XIIe siècle le nom de *rue de Bures*, parce qu'elle conduisait au château que nos ducs possédaient dans la commune de ce nom, qui a pris ensuite celui de Balleroy.

Du carrefour du Bourg-l'Abbé, la communication avec la ville s'établissait par la *rue St-Martin* jusqu'à la porte de Bayeux dont il a été parlé ailleurs.

La *route de Caen à Granville* commence à ce carrefour, et de là suit la direction de la *rue Caponnière*, de la *rue des Capucins* et de la *rue Pavée*. Ces rues n'offrent de remarquable que l'ancien couvent de la Visitation, converti en dépôt des remontes et en magasin des vivres de la guerre, et l'immense établissement du Bon-Sauveur, qui se termine sur la *Place Villers*.

Du carrefour de la Vieille-Boucherie, la rue St-Martin conduit sur la place de ce nom où les condamnés à mort subissaient leur peine. Il s'y tient un marché aux bestiaux.

On descend de cette place sur celle de *St-Sauveur*, en suivant la *rue Pémagnie* ou *Pemesgnie*, nom que M. de Bras fait venir des anciens mots *peu de mesgnies*, Huet d'un mot grec qui signifie pastorale, et M. de La Rue d'une famille qui habitait ce quartier. La place St-Sauveur est d'une vaste étendue et d'une forme triangulaire. On l'appelait autrefois la *place du Vieux*

Marché et plus récemment la *place du Pilori*, parce qu'elle avait le triste privilége d'être réservée aux exécutions de la justice qui ont lieu maintenant sur la promenade St-Julien. On continue d'y exposer les criminels, soit par habitude, soit par suite du préjugé qui veut que la morale soit intéressée à ce que la foule assiste à ces funestes spectacles. Le marché du lundi se tenait sur cette place dès les fondations du duc Guillaume, et dès le temps de son oncle Richard III : celui du vendredi, moins ancien, s'y trouvait cependant établi *dès longtemps* vers la fin du XIIIe siècle.

Les rues de *la Chaine* et *St-Sauveur* aboutissent aux angles de la base du triangle que forme cette place. Toutes deux donnent dans la *rue aux Namps* par laquelle on communique à la *rue des Cordeliers* et à celle *des Croisiers*, qui se terminent au carrefour de l'Epinette, lequel, selon M. de Bras, devait son nom à une belle aubépine qu'on y voyait encore de son temps.

Le moulin de *Gémare*, situé dans la rue de ce nom, près du carrefour de l'Epinette, y fut placé dès le commencement du XIIe siècle, par Cécile, seconde abbesse de Caen et fille de Guillaume-le-Conquérant. La chambre des comptes établie par Henry V avait dans la rue Gémare un hôtel où elle tint ses séances jusqu'en 1424.

De la rue aux Namps on accède maintenant par une belle rue qui a remplacé une venelle salle et tortueuse à la promenade des *Fossés St-Julien*, laquelle donne d'un côté sur la place St-Martin, et de l'autre vers la *rue de Geôle*. Cette rue appelée jadis *Cattehoule*, du saxon *Hoole Gatte* (porte basse ou chemin creux), est une des plus anciennes de Caen. Elle tire son nom actuel des prisons qui y furent placées avec le bailliage en 1463. La partie qui avoisine la place St-Pierre s'est appelée la rue *des Fèvres* et de la *Serrurerie* (Vicus Fabrorum.)

La *rue du Tour-de-Terre* ouvre une autre communication entre la rue de Geôle et celle des Teinturiers. Elle a porté le nom de rue Gémare.

La route départementale de Caen à Courseulles commence au portail de l'église St-Pierre d'où elle se dirige par les rues de l'*Amontoir de la Poissonnerie* et du *Vaugueux*.

La petite place qui se trouve en face de l'église s'appelle le *Marché-au-Bois*, bien qu'on n'y vende que de la volaille. La halle au pain était autrefois située au centre de cette place, alors beaucoup plus considérable. Elle fut abattue au commencement du XVIe siècle pour faciliter les abords du Château.

Le faubourg St-Gilles, qui est fort élevé, ne communique avec la ville que par des rues étroites et d'un difficile accès. On a remédié depuis peu à cet inconvénient en perçant la *rue des Chanoines* jusqu'à celle du *Puits-ès-Bottes*. Ce projet d'amélioration avait été conçu dès 1760 par l'intendant M. de Fontette. Attendra-t-on encore quatre-vingt-sept ans pour prolonger la même rue jusqu'à l'Amontoir de la Poissonnerie?

Ce quartier est le plus salubre de Caen et le plus agréablement situé. On y comptait autrefois un grand nombre de manoirs, tel que celui de Courtonne, mentionné dans des actes du XIIIe siècle, et celui des Gendarmes. Nous parlerons ailleurs de ce dernier qui subsiste encore.

Les principales rues sont celles du *Vaugueux*, des *Chanoines* (appelée anciennement la rue *St-Gilles*), la rue *Ste-Anne* et la *Basse-Rue*. La rue Ste-Anne donne sur la *Place-aux-Campions*, qu'on nomme aujourd'hui la grande place St-Gilles. La foire de la Trinité se tient sur cette place et sur la *petite place St-Gilles* qui n'en est pas éloignée.

On a donné le nom de *place de la Reine Mathilde* à celle qu'il faut traverser pour parvenir de la *Haute-Rue* au nouvel Hôtel Dieu; elle est inégale, montueuse et déserte. On a démoli pour la former la curieuse porte d'entrée du monastère qui eût attiré les étrangers et les artistes. C'était la plus ancienne porte d'abbaye qui existât dans nos contrées; mais la ville a un alignement et un mur en moëllon de plus, ces embellissements modernes par excellence.

Nous terminerons cet article par un tableau des rues de Caen, auxquelles furent donnés de nouveaux noms pendant la Révolution. A cette époque, la ville était divisée en cinq sections, savoir: de l'Egalité, de la Liberté, de l'Union, du Civisme et de la Fermeté.

NOMS ACTUELS.	NOMS PENDANT LA RÉVOLUTION.
Rue Sainte-Paix.	Rue des Bons-Enfants.
Rue d'Auge.	Id.
Venelle Canchy.	Venelle du Repos.
Venelle Sainte-Anne.	Rue de l'Oubli.

Noms actuels.	Noms pendant la Révolution.
Rue de l'Eglise-de-Vaucelles	Rue du Peuple.
Rue du Milieu.	Rue de la Vertu.
Rue Branville.	Rue des Patriotes.
Rue de Vaucelles.	Rue de la Révolution.
Place des Casernes.	Place de la Révolution.
Rue Saint-Jean.	Rue de l'Egalité.
Rue des Carmes.	Rue du Port.
Rue Coupée.	Rue Républicaine.
Rue Guilbert.	Rue Voltaire.
Rue de l'Engannerie.	Rue Montesquieu.
Rue Neuve-Saint-Jean.	Rue de Calas.
Pont Saint-Pierre.	Pont de la Raison.
Rue Saint-Louis.	Rue de l'Hôpital.
Rue de l'Oratoire.	Rue de l'Industrie.
Rue des Jacobins.	Rue des Jacobins.
Rue de Bernières.	Rue de Scévola.
Pont Saint-Jacques.	Pont de la Liberté.
Place Royale.	Place de la Liberté.
Rue de l'Hôtel-de-Ville.	Rue de la Liberté.
Rue Venelle-aux-Chevaux.	Rue de la Municipalité.
Rue Saint-Etienne.	Rue Descartes.
Rue de la Préfecture.	Rue d'Emile.
Rue Notre-Dame.	Rue Pelletier.
Rue Saint-Pierre.	Rue Marat.
Place Saint-Pierre.	Place de la Raison.
Rue Saint-Malo.	Rue de la Poissonnerie.
Rue du Vaugueux.	Rue des Droits-de-l'Homme
Rue Cadet.	Rue de la Fermeté.
Rue Sainte-Anne.	Rue du Citoyen.
Rue des Chanoines.	Rue de la Montagne.
Venelle Manissier.	Venelle Floréal.
Petite place Saint-Gilles.	Place de la Fermeté.
Venelle Campion.	Rue Helvétius.
Grande place Saint-Gilles.	Place de la Fermeté.
Rue Vaubenard.	Rue Duguay-Trouin.
Rue Saint-Martin.	Rue de Solon.
Rue Saint-Nicolas.	Rue de l'Homme-Libre.
Rue de Bayeux.	Rue de l'Union.

Noms actuels.	Noms pendant la Révolution.
Rue Bagatelle.	Rue de l'Equitation ou de Régulus.
Venelle Saint-Martin.	Venelle Challier.
Venelle Saint-Nicolas.	Venelle Régulus.
Rue Caponnière.	Rue des Sans-Culotes.
Rue de l'Abbatiale.	Rue de Beauvais.
Rue des Capucins.	Rue des Sans-Culotes.
Rue Saint-Ouen.	Rue d'Assas.
Place de l'Ancienne-Boucherie.	Place de la Réunion.
Rue Guillaume-le-Conquérant.	Rue de l'Union.
Place Fontette.	Place de l'Espérance.
Rue au Canu.	Rue Simoneau.
Rue Froide.	Rue du Commerce.
Rue de Geôle.	Rue Guillaume-Tell.
Rue des Croisiers.	Rue de la Friperie.
Rue des Cordeliers.	Rue de Cicéron.
Rue Neuve-des-Cordeliers.	Cours des Champs.
Rue de la Chaîne.	Rue du Civisme.
Rue Saint-Sauveur.	Rue de la Fraternité.
Place Saint-Sauveur.	Place de la Justice.
Rue Saint-Julien.	Rue Mably.
Rue aux Lisses.	Rue des Piques.

V.

MONUMENTS RELIGIEUX.

ÉGLISES.

La plupart des églises de Caen ont été réédifiées dans les XIIIe, XIV, XVe et XVIe siècles. L'abbé de La Rue a prétendu que celle du Château dont le chœur est adossé aux murs du côté de Saint Julien, est une construction du Xe. Il allègue pour raisons les arches cintrées de la porte et des fenêtres et leurs moulures en zigzag ; mais surtout la position du sanctuaire à l'Occident. Cependant on ne voit là aucune preuve qu'elle soit antérieure au XIe. Du reste, rien n'empêche de la regarder, avec le savant antiquaire, comme le plus ancien monument d'architecture de la ville de Caen. Elle était dédiée à saint Georges.

Saint-Étienne.

L'église de l'ancienne abbaye de Saint-Etienne, un des plus beaux et des plus vastes monuments religieux de la Normandie, offre dans son ensemble trois styles différents qui caractérisent bien évidemment trois époques. La façade, les tours jusqu'à la corniche du toit, la nef et les transepts appartiennent à la première construction et datent du XIe siècle. Le portail est fort simple, et se distingue par la sévérité plutôt que par l'élégance. Les tours sont la partie la plus remarquable de la façade; il y en a peu de la même époque qui soient aussi belles. Dans la nef, on admire une heureuse disposition des lignes, une savante combinaison des vides et des masses; les proportions du vaisseau sont vastes, les voûtes ont de l'élévation. En y entrant, on éprouve cette muette admiration, ce saisissement secret et solennel qui s'empare de toutes les facultés de l'âme, en présence d'une œuvre inspirée.

L'auteur des *Essais Historiques* regarde le chœur de Saint-Etienne, comme un ouvrage du XIVe siècle. Mais il est impossible, dit M. Jolimont, de faire concorder le style du chœur de cette église avec la date qui lui est assignée par l'abbé de La Rue; cette partie de l'église est bien antérieure, et il suffit, pour s'en convaincre, d'en comparer la structure avec celle de tant d'autres monuments élevés dans le XIVe siècle. Ici l'art prend évidemment un nouvel essor, mais avec timidité, et l'on y reconnaît une certaine composition mixte qui caractérise assurément la transition d'une époque à l'autre, tandis que dans les édifices du XIVe siècle, le genre est parvenu à son apogée, et l'artiste ne met plus de bornes à la fécondité de son imagination, à la hardiesse de l'exécution. Nous croyons devoir affirmer, continue M. de Jolimont, que le chevet de l'église Saint-Etienne est tout au plus du commencement du XIIIe siècle, et l'on pourrait même croire qu'il est antérieur.» C'est aussi le sentiment de M. de Caumont, dont il faut toujours citer l'autorité souveraine.

Les pyramides octogones qui couronnent les deux tours du portail, appartiennent au XIVe siècle. La tour centrale qui avait déjà beaucoup souffert lors du siége de Caen par Henry V, fut ruinée par les calvinistes en 1562.

On trouve gravée sur le mur extérieur, à peu près à fleur

de terre, sur la partie la plus saillante du rond-point, derrière la chapelle de la Vierge, une inscription en caractères du temps. Elle est curieuse et fait connaître le nom de l'architecte à qui l'on doit cette belle partie de l'église. Ducarel et l'abbé de La Rue ont reproduit avec quelques différences assez notables cette inscription, aujourd'hui malheureusement très mutilée; après l'avoir étudiée nous-même, nous n'hésitons pas à nous prononcer pour l'antiquaire normand, dont voici la leçon :

† GVILLELMUS. JACET. HIC. PETRARUM. SUMMUS IN ARTE.
ISTE NOVM. PERFECIT. OPUS. DET. PRÆMIA. CHRISTUS. AMEN. †

Un peu à droite on voit encore cette autre épitaphe qui n'a pas été publiée :

HIC JACET ALBI
NUS PREPOSITUS ANIMA EJUS
REQUIESCAT IN PACE.
AMEN.

Enfin, suivant une description de l'abbaye Saint-Etienne, qui se trouve à la suite de l'ouvrage manuscrit de dom Jean de Baillehache, conservé à la bibliothèque du Roi, il existait une troisième inscription « contre la muraille de l'église par dehors, au-dessus du chartier qui est sur la sacristie. » La voici :

HIC JACET FRATER RICARIUS QUONDAM
THESORARIUS HUJUS MONASTERII QUI OBIIT ANNO
MILLESIMO TRECENTESIMO. XXVIII°. ANIMA EJUS
REQUIESCAT IN PACE.

Ajoutons que le chevet de l'église, où se trouvent ces inscriptions, construit vers le commencement du XIIIe siècle, est d'un fort bel aspect et remarquable surtout comme un exemple de la direction que prenait l'art à cette époque.

Saint-Pierre.

On a donné successivement à cette église les noms de *Darnetal*, *Saint-Pierre-sous-Caen*, *Saint-Pierre-du-Chastel*, *Saint-Pierre-en-Rive*. Sa fondation est attribuée à saint Regnobert.

L'édifice actuel est l'ouvrage de plusieurs siècles. Le chœur et une partie de la nef sont de la fin du XIIIe. La tour fut élevée en 1508 par les soins du trésorier Nicolle Langlois, mort en 1517, et dont M. de Bras nous a transmis l'épitaphe, en regrettant avec raison que le nom de l'architecte n'ait pas été conservé (1). Cet écrivain rapporte que des inscriptions, qui existaient de son temps sur les vîtres de l'église, faisaient connaître que l'aile droite avait été bâtie vers 1410, et l'aile gauche quelque temps après.

Le grand portail était appelé le *portail neuf* en 1384. Celui qui est sous la tour fut restauré et *orné* de statues en 1608. Les criminels y faisaient amende honorable avant d'aller au supplice. On avait sculpté en relief sur le grand portail plusieurs traits de la vie de saint Pierre que la révolution fit disparaître en 1793.

L'abside fondée sur pilotis et les voûtes du chœur et des ailes furent commencées en 1521 par Hector Sohier, architecte de Caen. Ce travail, c'est à dire l'abside, est regardé comme un chef-d'œuvre d'élégance et de délicatesse, comme un des morceaux les plus curieux qu'ait produits, dans nos contrées, l'époque de la renaissance. Sans doute; mais il faut avoir le courage de signaler tout ce qu'il y a de faux dans cet art qui soit étonner, mais non pas émouvoir. « L'architecture, dit M. Michelet, tomba de la poésie au roman, du merveilleux à l'absurde, lorsqu'elle adopta les culs-de-lampe au XVe siècle, lorsque les formes pyramidales dirigèrent leurs pointes de haut en bas. Voyez ceux de Saint-Pierre de Caen, qui semblent prêts à vous écraser. « C'est l'art chrétien renversé (2).

L'objet véritablement digne d'admiration, c'est la tour de l'église, surmontée de sa pyramide. M. de Bras qui avait visité une grande partie de nos provinces, la mettait avec orgueil au-dessus de toutes celles qu'il avait vues, sans en excep-

---

(1) Quoique le passage suivant du Dictionnaire de d'Expilly, nous semble d'une autorité plus que suspecte, nous ne croyons pas moins devoir le citer ici, d'autant plus qu'il paraît avoir échappé jusqu'à présent à tous ceux qui ont parlé de St-Pierre : « On rapporte, d'après le sieur Goulley, qui était de Rouen, et qui est mort chanoine de Langres (homme savant et instruit de l'histoire de sa province), que sur la pyramide en question subsistait, il n'y a pas longtemps, une inscription qui marquait que cet ouvrage avait été conduit par un maître maçon nommé HUET ; et l'on ajoute, d'après le même auteur que nous venons de citer, que ce maître maçon était un des ancêtres de feu M. Huet, l'un des plus savants hommes du monde, le même qui fut précepteur de Louis de France, puis évêque d'Avranches. »

(2) L'abside de St-Pierre a été reproduite des milliers de fois, par le dessin et la peinture. Mais la vue la plus exacte et qui en rende le mieux l'effet est incontestablement celle que vient de publier M. Georges Bouet, ce jeune artiste qui comprend si bien le moyen âge.

ter les clochers de Coutances , de Rouen et de Chartres. Elle
à 220 pieds de haut et repose en arcade sur quatre piliers
dont la légèreté est loin de laisser soupçonner l'énorme
poids qu'ils supportent. Au dehors, elle est environnée de
huit clochetons d'où la flèche s'élance majestueusement dans
les airs avec ses jours en formes de trèfles. A l'intérieur elle
est vide jusqu'à la base de la croix, et cependant les pierres
n'ont pas quatre pouces d'épaisseur. La flèche de St-Pierre
est, avec l'intérieur de St-Ouen de-Rouen, la merveille de
l'art catholique et la réalisation la plus parfaite qui existe de
l'idée chrétienne par l'architecture. Il est impossible de la con-
templer sans que l'âme s'élance vers Dieu. Il y a d'autres flèches beaucoup plus célèbres ; mais nous ne craignons pas de
l'affirmer, aucune ne peut lui être comparée pour l'élégance,
la hardiesse et l'admirable beauté de la forme. M. de Bras,
cet homme qui conserva à un si haut point le sentiment de l'art
chrétien et national au milieu de cette réaction grecque et
païenne qu'on appelle la *Renaissance*, a laissé dans son style
naïf et souvent si pittoresque une description de la flèche de
St-Pierre , après laquelle on ne doit pas en entreprendre une
autre. Il la termine par ces paroles qui ne sont pas sans
poésie : « C'est un grand cas et bien digne de remarque que
« néantmoins la hauteur de ceste tour piramide qui semble
« avoisiner les nues, le soufflement et violence des vents, la
« rigueur des gellées, la froideur des neiges, gresles et frimats,
« l'abondance des pluyes, la véhémence des chaleurs du soleil
« et orages, la lueur et humidité de la lune , n'ont faict aucun
« dommage ny apparence de froisseure à aucune des pierres
« de ceste tour depuis son édification, qui est en cest estat de-
« puis deux cents quatre vingts ans en cest an 1588: sinon ceste
« grande bresche, laquelle y a été faicte à coups de canon ,
« en ce malheureux an des guerres civiles 1562. »
Ainsi donc le sort de ce magnifique monument , sera d'avoir
toujours plus à souffrir des outrages des hommes que de ceux
du temps lui-même. Nous le disons avec douleur, la
brèche du canon , dont les traces ont entièrement disparu , lui a été moins funeste que les embellissements des
marguilliers. Il y a quelques années, un architecte barbare a
mutilé le portail latéral d'une manière peut-être plus grotesque encore que déplorable. Aujourd'hui c'est le tour de l'in-
rieur : on vient d'y placer une grille d'un style bâtard et qui
n'est point en rapport avec celui de l'édifice; murailles, colonnettes, bas-reliefs des chapiteaux, anciennes peintures, tout

a été recouvert d'un désastreux badigeon beurre-frais ou ventre de biche, sous lequel disparaissent à la fois les merveilles de la sculpture et le prestige de l'antiquité. La teinte plus foncée, c'était le jaune (comme nous l'avons vu au Havre), le jaune dont le bourreau peignait au moyen-âge les édifices *scélérés* !

On remarque sur un des chapiteaux de la nef quelques sculptures fort curieuses ; elles représentent des sujets tirés de nos anciens fabliaux et des romans de chevalerie. L'abbé de La Rue en a donné une explication en général assez satisfaisante.

1º Le philosophe Aristote marchant à quatre pattes et portant sur son dos sa maîtresse qui a exigé de lui de la conduire dans cette posture au palais d'Alexandre. C'est un trait pris dans le *Lai d'Aristote*, par le trouvère normand, Henri d'Andely.

2º Un homme assis sur un lion qu'il a dompté ; l'abbé de La Rue croit que c'est messire Yvains, un des chevaliers de la Table Ronde, surnommé le *Chevalier au Lion*.

5º Tristan de Léonois, traversant la mer sur son épée pour aller trouver sa maîtresse qui l'attend avec son chien sur la côte opposée.

4º Un pélican nourrissant ses petits.

5º Virgile dans un panier suspendu au haut d'une muraille.

6º Un chasseur poursuivant une licorne, qui se réfugie sur le sein d'une jeune fille.

7º Lancelot du Lac consent à traverser les rues de Rome (chose ignominieuse alors) pour retrouver la reine Genèvre. Cette dernière explication ne paraît pas convenir parfaitement au sujet représenté.

C'est dans l'église St-Pierre, considérée jusqu'en 1795, comme l'église principale de Caen, qu'on célébrait les solennités publiques. Les révolutionnaires en avaient fait le temple de la Raison.

Ancienne église Notre-Dame, aujourd'hui Saint-Sauveur.

Elle est appelée dans les anciens actes *Notre-Dame-de-Froide-Rue*. La fondation en est attribuée à saint Regnobert. Philippe de Harcourt, évêque de Bayeux, l'érigea en prébende de sa cathédrale en 1155. L'église actuelle a été construite à différentes époques. Huet la croit antérieure à la fondation de la paroisse Saint-Pierre; mais il n'assigne pas de raison plausible à l'appui de cette opinion. Elle se compose de deux édifices bizarrement accolés dans le sens de leur longueur, et dont la communication n'existe qu'à l'aide d'une construction en arc, remarquée pour sa hardiesse. La tour paraît être du XIVᵉ siècle; elle est dans le genre de celle de Saint-Pierre, mais moins élevée et surtout beaucoup moins élégante. L'abside Saint-Eustache, dans le style de la renaissance, n'est probablement pas antérieure à 1520. L'autre abside, avec ses fenêtres festonnées et chargées de riches ciselures, ne peut remonter au-delà de la seconde moitié du XVe siècle. Quelques fragments de vitraux remarquables par la composition et par l'éclat des couleurs attestent leur ancienne magnificence. La porte en bois du grand portail offre des panneaux assez bien conservés, dans le style ogival perpendiculaire. Elle a été gravée dans les *Architectural antiquities of Normandy* de Pugin.

Depuis la nouvelle organisation du culte, cette église est devenue l'église paroissiale de Saint-Sauveur.

Saint-Jean.

C'est la quatrième église de Caen, dont saint Regnobert passe pour le fondateur. Elle est mentionnée dans la charte de fondation de l'abbaye de Troarn, en 1059. L'église actuelle plus récente, fut commencée dans le XIVᵉ siècle; le portail, la première tour et la nef sont de cette époque; le chœur et la croisée sont du commencement du XVe siècle, et l'on travaillait encore à la tour du milieu au temps de M. de Bras, mort en 1593. La construction de cette église fut souvent interrompue par les guerres, et l'édifice souffrit beaucoup lors du siége de Caen, en 1417. Ces différentes causes ont nui sans doute à l'ensemble du monument, dont le plan d'ailleurs est vaste et la structure d'un bel aspect, sans rien offrir de remarquable. Il paraît que le peu de solidité du terrain, très-marécageux en cet endroit, ou quelque défectuosité dans les fondemens, n'a pas permis d'achever les deux tours qui sont restées imparfaites, et qui par leur élégance étaient destinées à faire le plus bel ornement de cet édifice. On assure que celle de la croisée s'affaissait à mesure qu'on l'élevait, et celle du portail a tellement perdu de son aplomb, qu'on ne peut considérer sans quelque inquiétude son inclinaison presque aussi remarquable, dit M. de Jolimont, que celle de la fameuse tour de Pise. On y a fait en 1842 des travaux de consolidation ; mais le portail a été altéré de la manière la plus fâcheuse. L'intérieur présente quelques belles parties et un ensemble assez majestueux; on y retrouve encore plusieurs fragments de riches vitraux.

Selon l'abbé de La Rue, M. de Bras, un des bienfaiteurs de cette église, y fut enterré en 1595, dans la chapelle Saint-Jérôme, la seconde du côté de l'épître. Cahaignes prétend, au contraire, que le vénérable historien repose dans la chapelle de la famille de Bourgueville, à droite du grand autel de l'église Saint-Pierre.

L'abbé de La Rue et ses copistes vantent les statues de saint Jean-Baptiste et de saint Jean-l'Évangéliste, qu'on voit dans cette église, comme l'œuvre de Jean Postel, sculpteur de quelque renom à Caen dans le XVIIe siècle. Heureusement pour sa gloire il n'en est rien : ce sont deux mauvaises statues en terre cuite qui, du reste, figurent parfaitement sur les autels, affligeante parodie du style gothique, où l'on vient de les placer.

Huet rapporte que le célèbre Le Brun peignit à sa sollicitation, le tableau du baptême de Notre-Seigneur qui décorait autrefois cette église et qui enrichit aujourd'hui le musée de la ville.

L'amiral de Coligny fit faire le prêche en 1562, dans la nef de Saint-Jean, par Théodore de Bèze qui suivait son armée, pour faire entendre aux fidèles que *l'argent est le nerf de la guerre*; après quoi et par manière de conséquence, il fit asseoir et lever sur les habitants une contribution de dix mille écus qu'il eut soin de répartir sur les catholiques.

Saint-Michel de Vaucelles.

Vaucelles a formé anciennement une localité distincte et indépendante de la ville de Caen. L'église dont le patronage appartenait à l'abbaye de St-Étienne, offre un mélange de différents styles. La tour latérale du sud, enclavée dans le collatéral, est romane et date, suivant M. de Caumont, du XIe siècle ou du XIIe ; elle est ornée d'arcatures cintrées d'un beau caractère, et se termine par un toit pyramidal à quatre pans. La nef et les collatéraux qui l'accompagnent au nord et au sud doivent être du XVIe siècle. On remarque, du côté du nord, une porte formant saillie, très-délicatement travaillée et boidée de festons, qui est évidemment de cette époque. Elle a été gravée dans l'ouvrage de Pugin cité plus haut. Enfin le prolongement de la nef, la façade et la tour moderne en coupole, ont été construits en 1780.

Saint-Gilles.

Ce ne fut dans l'origine qu'une chapelle, fondée par le duc Guillaume et Mathilde pour la sépulture des pauvres de ce quartier. Suivant l'abbé de La Rue, la nef actuelle aurait formé l'église primitive. Mais M. de Caumont pense que cette nef, partie la plus ancienne de l'édifice, n'est pas antérieure au XIIᵉ siècle, et qu'elle appartient même plutôt à la seconde moitié qu'à la première. Le chœur est du XVᵉ. Le portail latéral au sud, dit M. de Caumont, offre quelques jolis détails ; il peut n'être que du XVIᵉ siècle ; on en a fait encore de semblables de 1510 à 1520. L'opinion du célèbre archéologue se trouve confirmée par le témoignage d'un de nos anciens écrivains ; car ce portail qui a donné lieu à plusieurs méprises, est évidemment celui dont parle Cahaignes dans son éloge de Blaise Leprestre, architecte contemporain d'Hector Sohier, et dont il serait juste de remettre le nom en honneur. Voici le passage de Cahaignes, qui doit s'appliquer aussi aux collatéraux avec leurs contre-forts surmontés de pinacles ; autrement, il y aurait trop d'exagération : *In atrio ædis quæ sancti Ægidii tutelam gerit, cernitur dives et operosum opus a Blasio Presbytero laboratum, quod totum cum singulis suis membris sic ad amussim quadrat, ut maximam laudem apud eruditos artifices meruerit.* Il ne peut être question, à coup sûr, du portail occidental qui est moderne et ne se recommande que par sa laideur et son mauvais goût. Si notre conjecture est fondée comme tout porte à le croire (1), nous n'hésitons pas à placer, sous un rapport, ce vieil architecte oublié au-dessus d'Hector Sohier ; car il avait bien mieux conservé que lui l'esprit et les traditions de l'architecture du moyen âge. L'abbé de La Rue semble n'avoir relevé l'erreur de Huet, qui avait pris le portail de St-Gilles

---

(1) M. de Jolimont lui attribue même toute la construction du chœur ; mais c'est évidemment une erreur. Au reste, Cahaignes fait par fois un emploi si étrange et si détourné des expressions du latin classique, qu'il est vraiment assez difficile de savoir ce qu'il a entendu par *atrium.*

pour l'*ouvrage d'un prêtre de Caen appelé Blaise*, que pour se fourvoyer lui même à son tour.

Cette petite église n'est pas sans intérêt et mérite d'être vue. Il serait fort regrettable qu'elle fût détruite, si la ville de Caen met à exécution le projet qu'elle a de transférer la paroisse dans la grande église de l'abbaye de Sainte-Trinité. Je la visitai en juin 1839, avec l'homme de notre époque qui avait la science la plus profonde de l'architecture, et le sentiment le plus vrai de l'idée chrétienne, L. A. Piel, de Lisieux (1). Il me la vanta comme un type parfait pour une église rurale. Elle l'intéressa vivement, et lui offrit dans ses parties les plus anciennes, la solution de questions importantes pour l'histoire de l'art. Ayant appris qu'elle était menacée d'être démolie, il revint à Caen au mois de septembre suivant, et y passa huit jours à l'étudier, à la décrire et en lever le plan. Je suis heureux de pouvoir consacrer ici le nom d'un ami que la mort m'a enlevé et dont la mémoire sainte pour moi a rempli et remplira ma vie.

Saint-Ouen.

M. de La Rue place sa fondation dans l'intervalle de 1067 à 1077. Nos vieux écrivains la désignent quelquefois sous le nom de *Saint-Barthélemy*. On l'appelait encore *Saint-Ouen-sur-Odon*; mais elle était plus généralement désignée sous le nom de paroisse de *Villers*. Cette église n'a rien de remarquable, et les parties les plus anciennes peuvent dater de la fin du XVe siècle.

Nous parlerons à l'article *Anecdotes et Curiosités* du fief de Pend-Larron qui existait autrefois sur la paroisse Saint-Ouen.

Saint-Julien.

Les anciennes chartes font mention de cette église dès l'année 1160. Il en existe une de Richard-Cœur-de-Lion de 1189, qui l'appelle le *Monastère de Saint-Julien*. Ce nom de monastère ou moustier, *monasterium*, était alors fréquemment

(1) Voyez *L. A. Piel Reliquiæ*, avec une notice par M. Am. Teyssier, Paris, 1843, in-8°.

donné aux églises et même à de simples chapelles. Le patronage de Saint-Julien appartenait à la commanderie des Templiers de Voismer, située à Fontaine-le-Pin, dans le canton de Bretteville-sur-Laize. A la suppression de cet ordre en 1512, il fut donné aux chevaliers de Saint-Jean-de-Jérusalem. L'édifice actuel n'a presque aucune valeur architecturale.

L'ancien usage de donner la liberté à une colombe le jour de la Pentecôte était encore conservé dans cette église à la fin du XVIe siècle. L'abbé de La Rue rapporte aussi que lorsque l'Ordre de Malte recevait à Caen les vœux de quelque chevalier, la cérémonie avait lieu à Saint-Julien.

Nouvelle église de Notre-Dame ou de la Gloriette.

Le nom de *Notre-Dame* a été donné dans ces derniers temps à l'église des Jésuites, à l'occasion de sa conversion en église curiale. Ces religieux en jetèrent les fondements en 1684 dans la partie des Petits-Prés, appelée le *Pré des Esbats*, parce que la jeunesse s'y livrait à divers amusements, et notamment à celui du *Papegay*. Elle fut consacrée en 1689. Elle est bâtie sur le modèle que les jésuites avaient adopté partout, et orientée à l'ouest, c'est-à-dire, dans le sens inverse des autres. L'autel formé de six colonnes de marbre qui soutiennent un baldaquin, provient de l'Abbaye-aux-Dames. L'ange qui paraît planer au-dessus du tabernacle est ce qu'il y a de plus digne d'attention.

ÉGLISES SUPPRIMÉES.

Saint-Etienne-le-Vieux.

Pénétrés de l'idée qu'il fallait chercher ailleurs qu'aux environs du Château les commencements de cette ville, M. de Bras et Huet se complaisent à regarder la paroisse St-Etienne comme la plus ancienne de Caen. Mais cette opinion ne repose que sur des conjectures auxquelles le savant auteur des *Essais historiques* a fait voir qu'on ne devait pas s'arrêter. L'église actuelle présente plusieurs reconstructions, dont quelques-unes ne datent que du XVIe siècle et même du XVIIe. Sa situation près des murs de la ville lui fut souvent funeste. Pendant le siége de 1417, elle eut beaucoup à souffrir de l'artillerie que Henry V avait placée dans la tour du milieu de l'abbaye de St-Etienne. Par lettres patentes du 6 avril 1426, son successeur accorda aux paroissiens une somme de cent livres pour aider à réparer cette église *tombée en ruine et dé-*

cadence, par les grosses bombardes qui avoient tombé sur elle et abattu les voûtes pendant ledit siége. Les travaux de reconstruction se prolongèrent fort longtemps ; car toute la partie occidentale de la nef et le charmant portail de la façade, ne doivent être que de la fin du XVe siècle; beaucoup d'autres parties paraissent du même temps.

On remarque sur un des contre-forts du chevet un bas relief, aujourd'hui très fruste, et que M. de Bras décrit ainsi : « A l'endroit du chœur, par le dehors, sont eslevez en bosse « le duc Guillaume-le-Conquérant à cheval, comme s'il faisoit « son entrée en la dicte ville, et soubs les pieds de son cheval les « représentation d'un jeune homme mort et d'un autre hom- « me et femme, à genoux, comme s'ils demandoyent raison « de la mort de leur enfant, qui est une antiquité de grande « remarque, dont je ne puis donner autre certitude de l'his- « toire, sinon ce que les personnages en bosse représentent. » Ce bas-relief a été l'objet d'une controverse entre les antiquaires normands, dans laquelle notre plan et surtout notre mince savoir nous empêchent d'intervenir. Au reste, il paroit cons- tant que la statue, encastrée dans le mur, est bien antérieure au XVe siècle, et probablement du XIIe. Suivant M. de Cau- mont, elle offre de grandes analogies avec ces statues équestres que l'on voit sur plusieurs églises du Poitou, et dont il parle dans le IV^a volume de son *Cours d'Antiquités*. Le cavalier, ainsi que l'a remarqué M. G. Mancel, présente des détails curieux. L'enharnachement et surtout la ferrure du cheval sont dignes d'attention. Les sabots, au lieu d'être ferrés sui- vant l'usage qui prévaut depuis plusieurs siècles, sont garnis d'une espèce de sandale maintenue par une courroie, et munie en-dessous de crampons ou gros clous carrés et très-saillants, de manière à ce que la face inférieure présente sur son bord une ligne crénelée.

L'église de St-Etienne-le-Vieux est dans l'état le plus déplo- rable et le plus affligeant. Il faut s'attendre à chaque instant à la voir s'écrouler, si l'on ne s'empresse d'y faire des répa- rations. Nous désirons, sans l'espérer, que cet édifice d'une valeur incontestable soit rendu au culte, à la place de la Gloriette, cette église d'opéra. C'est là une idée qui a peut-être le tort d'être émise avant son temps, et fera sourire quelques-uns; eh bien, qu'on en fasse du moins un monument d'utilité pu- blique. Ce qu'il importe avant tout, c'est de le préserver d'une ruine imminente.

Saint-Sauveur.

Sa fondation est encore attribuée à saint Regnobert. On l'appelait, dès l'année 1150, *St-Sauveur-du-Marché*, de l'ancien nom de la place où elle est située. M. de La Rue croit que cette église ne consistait jadis que dans ce qui en forme aujourd'hui le croisillon et la tour carrée. Les piliers paraissent appartenir au XIIe siècle, la nef au XIVe. Le chœur, commencé en 1530, fut achevé en 1546. On exhaussa la tour en 1604. La flèche en ardoise, démolie de nos jours, fut construite l'année suivante. Le portail actuel n'est que de quelques années antérieur à la révolution. Cette maussade construction a caché un charmant portail du XVe siècle, figuré très imparfaitement dans le voyage de Ducarel, et dont les voussures portaient des guirlandes de feuillages découpés à jour, de la plus grande délicatesse.

Cette église a été convertie en halle aux grains depuis 1791. L'intérieur, entièrement délabré, n'a plus rien qui puisse fixer l'attention, excepté une sculpture assez singulière que l'on voit sur un des piliers de la tour, et qui représente un mendiant marchant sur les genoux. M. de Jolimont en a donné un dessin, ainsi que d'un médaillon représentant une figure à triple face, sculptée sur un des piliers butants à l'extérieur du chœur.

Saint-Martin.

Située presque à l'angle de la rue de ce nom et de la rue de l'Académie, cette église fut abattue pendant la révolution; elle était fort ancienne, et il n'en reste plus que quelques vestiges. Parmi les curés de St-Martin, on cite Pierre Cally, mort en 1709. Grand sectateur de Descartes, il eut de longs et vifs démêlés avec les partisans de l'ancienne philosophie. Voici un passage extrait d'une lettre inédite de Galland, à l'abbé Nicaise, de Dijon, datée de Caen, le 16 janvier 1701, et qui nous semble assez curieux pour la bibliographie normande: « M. Cally qui
« a publié sa philosophie il y a quelques années, vient de
« faire imprimer en ceste ville, comme si c'estoit à Cologne,
« chez Pierre Marteau, un ouvrage en françois in-12, intitulé
« *Durand Commenté*, où il traite de l'Eucharistie suivant les
« principes de Descartes. L'on a arresté les exemplaires, non
« seulement à cause de l'impression sans priviléges, mais en-
« core parce qu'il y a des sentimens peu orthodoxes. M. Cally
« aiant fort imprudemment [dit] à M. l'évesque de Bayeux,
« qu'il avoit fait voir le livre à quatre examinateurs, mais

« qu'il ne vouloit pas les déclarer, M. l'évesque de Bayeux
« luy a interdit la messe jusqu'à ce qu'il les ait nommez. Ce
« bonhomme se fait là une tres meschante affaire dans sa
« vieillesse. » On sait que Bossuet, consulté par M. de Nesmond, évêque de Bayeux, condamna l'ouvrage de P. Cally, qui
s'empressa de rétracter ses erreurs.

Ce fut dans un jardin près de l'église St-Martin, entre cette
même église et le mur de la ville attenant à la porte Arthur,
que fut tramé le complot par suite duquel la ville de Caen
abandonna, en 1106, la cause du duc Robert Courte-Heuse,
pour celle de son frère Henri Ier. Les chroniques rapportent
que ce lieu resta frappé de malédiction, « et ne porta onques
« depuis ne feuille ne fruict. » C'est à peu près, suivant M.
de La Rue, l'emplacement où a été bâtie la nouvelle prison.

Saint-Nicolas.

La fondation de cette paroisse est postérieure à celle de
St-Martin. On l'appelait *St-Nicolas-des-Champs*. L'église qui
malheureusement n'est plus consacrée au culte, est un monument d'architecture normande d'autant plus digne d'intérêt,
qu'il est à peu près le seul qui soit resté entier dans la ville.
Si l'on excepte la tour qui appartient, en grande partie, aux
derniers temps de la période ogivale (peut-être au commencement
du XVIe siècle), l'église St-Nicolas, dit M. de Caumont, présente le type de l'architecture romane secondaire, sans mélange d'ornements étrangers et sans altérations modernes. On
voit à l'extérieur des fenêtres semi-circulaires, des modillons
à figures grimaçantes, des contre-forts plats, etc. L'abside est
couronnée par un grand toit conique en pierre beaucoup plus
élevé que celui de la voûte du chœur. Cette disposition exceptionnelle a fait croire à quelques antiquaires qu'il n'est pas
du XIe siècle et doit avoir été fait longtemps après. Nous reproduisons cette conjecture, sans la combattre ni la défendre.
A l'intérieur, l'élévation de l'édifice est divisée en deux
ordres : au premier ordre on trouve de belles arcades cintrées,
à plusieurs retraits, portées sur des colonnes engagées, cantonnées en croix ; toutes choses qui caractérisent les édifices du
XIe siècle. Les chapiteaux des arcades qui séparent la nef des
ailes, offrent, pour la plupart, un type très fréquent en Normandie, et sont ornés seulement de deux larges feuilles recourbées
en volutes et séparées par une espèce de console. Le couronnement de la tour principale est formé par un double toit d'où
s'élève une charmante petite aiguille en forme de mitre, et
qui produit de loin un effet très-pittoresque.

Cette église possédait plusieurs confréries. La principale était celle de la Charité de Saint-Nicolas, dont le cartulaire sur vélin, qui contient la liste des confrères depuis 1452 jusqu'en 1789, est conservé aux archives du Département. « Cette confrérie, dit M. Charles Gervais, dans sa belle monographie de Saint-Nicolas, était une sorte de société de secours mutuels. Chaque confrère pouvait obtenir, d'après les statuts, jusqu'à la concurrence de 30 sols en cas d'incendie ou de maladie. On donnait 20 sols pour doter une fille pauvre. Si un confrère faisait le pèlerinage de la Terre Sainte, de Rome ou de Saint-Jacques en Galice, on lui disait une messe gratuitement, et il était conduit processionnellement hors de la ville. »

L'église St-Nicolas a servi longtemps d'écurie. Il est fâcheux que la ville attache si peu d'importance à la conservation de ce monument inappréciable qu'on ne remplacera jamais. Si nos vœux n'étaient pas impuissants, nous émettrions celui de voir y former un musée d'antiquités locales, institution vraiment indispensable dans une ville comme la nôtre. Mais ce n'est pas à nous qu'il appartient de dire tout l'avantage qu'il y aurait à placer des établissements publics dans des édifices qui, soit par leur architecture, soit par les souvenirs qui s'y rattachent, excitent le respect et l'admiration.

Sainte-Paix.

Il y avait autrefois à l'extrémité du faubourg de Vaucelles une petite paroisse appelée *Sainte-Paix*. Elle relevait de l'abbaye de Fécamp, à cause de la baronnie d'Argences. Cette paroisse fut réunie, en 1719, à la bourgeoisie de Caen. Il ne reste plus que quelques ruines de l'église de Sainte-Paix qui fut aussi appelée *Notre-Dame-de-la-Fontaine*, à cause de la fontaine qu'on y voit encore.

Tout près de là, était la chapelle Saint-Marc, bâtie par Guillaume-le-Conquérant, en 1061, pour perpétuer la mémoire du concile provincial qu'il avait fait tenir à Caen, et qui établit la trève de Dieu, ainsi que la loi du couvre-feu, dont la trace subsiste encore dans nos usages locaux. Comme le Duc y avait fait apporter les principales reliques de la Province pour recevoir le serment des seigneurs normands, cette chapelle fut aussi appelée *Saint-Marc-de-Toussaint*. Les protestants l'abattirent en 1562. On en réédifia une partie dans le XVIIe siècle, mais elle fut enfin tout à fait abandonnée en 1793. L'usine du gaz pour l'éclairage de la ville a été établie, vers 183 , au milieu de

2

ses ruines ; heureusement on a pu conserver une partie de l'édifice avec ses colonnes et ses arcatures. Quelques bas-reliefs, ornant les parties qu'il a fallu démolir, ont été transportés au musée de la Société des Antiquaires. Parmi ces fragments, on distingue une représentation du Christ, avec le nimbe cru-cifère, tenant un livre de la main gauche, et bénissant de la droite. M. de Caumont en donne un dessin dans sa *Statistique Monumentale*.

Eglise Collégiale du Sépulcre.

L'église primitive du Sépulcre bâtie en 1219, était très belle. Son fondateur, Guillaume Acarin, qui avait visité la Terre-Sainte, l'avait fait construire dans la forme de celle du Saint-Sépulcre de Jérusalem. Le duc de Bouillon, gouverneur pour le roi, mais partisan des Calvinistes, la fit abattre à coups de canon, en 1562, sous prétexte que de cette position élevée, l'ennemi pouvait inquiéter le château.

« Cependant qu'on se préparoit à desmollir ce beau et ancien temple, dit M de Bras, j'en fis faire un pourtrait que j'ay intention faire tailler en pierre, pour le poser au cymetière dudit S pulchre, afin que nos enfans, nepveux et successeurs le puissent veoir et regretter l structure. »

Pour réparer cette perte, les chanoines obtinrent du chapt-1 e de Bayeux, la chapelle Sainte-Anne, située près de l'an-cienne collégiale et dont il existe encore, dans le mur latéral de l'église actuelle, une porte garnie de frettes crénelées (1).

ANCIENNES ABBAYES.

Quelques historiens, et entre autres Guillaume de Jumié-ges, attribuent la fondation des deux abbayes de Caen à un scrupule de conscience assez commun à cette époque. Selon eux, Guillaume-le-Bâtard n'obtint qu'à cette condition, le pardon de la faute qu'il avait commise en épousant sans dispense Mathilde de Flandre, petite-fille de la sœur de Robert, son père. Ce fut le pape Nicolas II, qui leur imposa cette pénitence.

Ces abbayes avaient leurs sénéchaussées et leurs siéges de justice sur les vassaux de leurs seigneuries. Toutes deux ap-

(1) Huet nous apprend que les degrés en granit par lesquels on accede à la place où était située l'église du Sépulcre, sont dus à la libéralité des Chanoines qui les y firent placer en 1629.

partenaient à l'ordre de Saint-Benoît. Elles ont subsisté jusqu'à la Révolution.

Abbaye de Sainte-Trinité.

M. de La Rue établit, contre l'opinion de Huet qui lui
donne une date plus ancienne, que l'abbaye de Sainte-Trinité
fut fondée par Mathilde en 1066, peu de mois avant le départ du Duc pour la conquête de l'Angleterre. Leur fille Cécile
fut la première religieuse de ce monastère, richement doté par
ses fondateurs et par plusieurs des princes normands qui succé-
dèrent à Guillaume. La première abbesse portait le nom de
Mathilde.

De toutes les constructions primitives, il ne reste plus que
l'église, un des monuments les plus précieux de notre ancienne et noble architecture normande. « Le plan en forme de croix
latine, dit M. de Jolimont, est régulier; et la structure dans
son ensemble fournit sujet à une foule d'observations aussi curieuses qu'intéressantes pour l'histoire de l'art. La nef offre
une sorte de magnificence remarquable dans la disposition et
l'élégance des galeries qui terminent les travées et rappellent à
beaucoup d'égards les constructions romaines. Le chœur est
peu spacieux. Le sanctuaire, élevé sur plusieurs rangs de degrés, est décoré d'un péristyle à double étage, de forme de-
mi-circulaire et surmonté d'une coupole peinte à fresque.
Cette partie principale de l'église est d'un aspect noble et majestueux, et se distingue de tout ce qui est connu en ce genre,
par un caractère particulier. » On doit citer aussi la crypte ou
chapelle souterraine placée sous le chœur, et qui est un monument plus beau peut être encore, et surtout plus intéressant
que le chœur lui-même. La voûte est soutenue par trente-six
colonnes d'environ huit pieds d'élévation; celles du pourtour
reposent sur un stylobate continu. Cette crypte qui est éclairée par d'étroits soupiraux et où règne un jour sombre et
mystérieux, était sans doute destinée à la sépulture des
abbesses.

L'abbaye fut fortifiée sous le règne du roi Jean, pour la
mettre à l'abri d'un coup de main, dans ces temps de troubles
et de calamités. Charles VII y séjourna quelque temps pendant le siége de Caen en 1450.

La reine Mathilde y fut enterrée en 1083. Les protestants
pillèrent son tombeau et le détruisirent en 1562. Ses restes,
dispersés par ces profanateurs, furent rassemblés par l'abbesse

Anne de Montmorency, et replacés dans le cercueil de pierre où ils avaient été déposés cinq siècles auparavant. En 1708 un nouveau mausolée lui fut érigé par les soins de l'abbesse de Tessé ; mais il fut détruit en 1793. Enfin ses cendres retrouvées en 1809 dans le même cercueil, furent en 1819 replacées dans un troisième monument, érigé par les soins de M. le comte de Montlivault, alors préfet. Ce tombeau est très simple; ce qui en fait tout le prix, c'est la table de marbre blanc qui contient l'épitaphe de Mathilde en caractères du XIe siècle. Cette épitaphe comprend, dans un éloge mérité, une pensée touchante : « Elle aima la piété, elle consola les pauvres, et se « faisant pauvre elle-même, elle ne se trouva riche que pour « distribuer ses trésors aux indigents. » Et l'inscription ajoute : « C'est par une telle conduite que le deuxième jour de no- « vembre 1083, elle alla jouir de la vie éternelle. »

Les bâtiments de cette abbaye, désignés ordinairement sous le nom d'*Abbaye-aux-Dames*, comme celle de Saint-Etienne l'est sous le nom d'*Abbaye aux-Hommes*, ont été convertis en hospice depuis l'année 1825. En voyant cette vaste église et toutes ces constructions dont les unes datent du siècle dernier et les autres sont à peine terminées, on ne saurait se rappeler sans quelque étonnement la description qu'en trace M. de Lamartine dans son *Histoire des Girondins*. « Le couvent, aujourd'hui en ruine, dit le poëte historien, couvre de ses débris, de ses cloîtres et de sa chapelle gothique, les flancs d'une petite colline où le lierre relie seul de son vert ciment des pans de mur. »

Abbaye Saint-Étienne et ses dépendances.

Selon plusieurs écrivains, la fondation de cette abbaye serait antérieure de quelques années à celle dont il vient d'être parlé. Ce qu'il y a de certain, c'est qu'on y travaillait en 1066, et que dans toutes les chartes qui l'ont pour objet, Guillaume prend le titre de roi.

Le grand bâtiment de l'Abbaye St-Etienne fut commencé en 1704 et achevé en 1726. Il fut élevé, ainsi que celui de l'Abbaye-aux-Dames, sur les plans de Guillaume de La Tremblaye, religieux convers de l'Ordre. Le même architecte avait conçu et fit exécuter en partie les constructions modernes de l'abbaye royale de St-Denys.

Les remparts dont la ville fut entourée sous Philippe de Valois, laissaient l'abbaye en dehors de leur circonvallation. Le roi Jean autorisa les moines en 1354 à la mettre en état de dé-

fense. Ils firent élever , quelques années après , les fortifications dont on voit encore les restes aujourd'hui, du côté de la
Prairie. On sait qu'elles n'empêchèrent pas Henry V de la
prendre en 1417.

De vastes bâtiments avaient été construits pour cette abbaye
dans l'enceinte de laquelle on assure que Guillaume avait un
palais. Saint Louis, le roi Jean, Henry V, François 1er y logè-
rent pendant leur séjour à Caen. Les protestants dont la domination passagère fut marquée par tant de désastres , sacca-
gèrent la plupart de ces bâtiments en 1562. Des manuscrits
d'autant plus précieux que les Bénédictins cultivaient les lettres
avec succès, disparurent sous les mains des dévastateurs. La
grande ombre de Guillaume ne défendit pas son tombeau de
la profanation. Le prieur dom Jean de Baillehache lui fit élever un nouveau mausolée qui subsista jusqu'en 1742, époque
où l'intendant Arnauld de La Briffe fut autorisé à transférer
les restes du Conquérant dans le sanctuaire de l'église. Ce troisième monument, renversé en 1793, fut rétabli sept ans après
par le général Dugua, préfet du Calvados. Ainsi les grands ne
sont pas seulement pendant leur vie soumis aux vicissitudes de
la fortune; le volcan qui gronde sous le trône des rois, se ral-
lume quelquefois sous leur tombeau, et ne s'éteint qu'après
en avoir dispersé les cendres.

Les bâtiments de cette abbaye sont maintenant occupés par
le Collége Royal. L'église abbatiale, dont on avait fait un temple décadaire, est devenue l'église principale de Caen, c'est-à-
drie celle où ont lieu les cérémonies publiques. Une partie
des jardins a été convertie en une vaste place plantée de maronniers. S'il est juste de louer l'administration municipale
de cette dernière amélioration, on ne peut trop lui reprocher
de ne s'être pas opposée à la construction de ce bâtiment ridicule qui masque maintenant l'abside de l'église, et qu'il était
si facile de placer ailleurs.

Ancien palais du duc Guillaume.

Il est constant par le témoignage des historiens normands
du XIIe siècle que le duc Guillaume avait fait construire de
vastes bâtiments pour son abbaye de St-Etienne, et il y avait
lui-même un beau palais, suivant les moines qui ont écrit
l'histoire de ce monastère. Ducarel a conservé dans ses *Antiquités Anglo-Normandes,* les vues de quelques restes de ces
anciens monuments.

Parmi ces bâtiments, il faut citer l'édifice qu'on appelait jadis le *Grand Palais* ou le *Palais du Roi*, construction normande qui a été remplacée par une autre du XIVe siècle et qui vient d'être appropriée à l'établissement de l'école normale. L'intérieur a été complétement altéré; mais la façade qui est d'un beau style ogival a été assez bien restaurée. Un peu plus à l'est, on voit la *Salle des Gardes du duc Guillaume*, célèbre par ses briques armoriées. Ce monument avait échappé par miracle aux dévastations des protestants et des révolutionnaires. En 1802, le préfet Cafarelli, l'un des plus grands administrateurs qu'ait eus le Calvados, le mutila barbarement pour en faire des classes qu'il fallut abandonner quelques années après. Cette inqualifiable destruction est l'acte de vandalisme le plus odieux, le plus funeste et le plus irréparable que notre ville ait à déplorer; on ne saurait trop le vouer à la réprobation de l'histoire. Mais tout n'est pas consommé; ce qui subsiste encore est sans doute réservé au même sort que le *logis de l'évêque de Castres* que nous venons de voir démolir.

Voici un passage d'une lettre inédite de Le Blais du Quesnay, ce zélé et utile correspondant de Huet, que nous citons ici à cause des détails qu'il renferme sur l'ancien état de ces édifices : « Il y a premièrement deux grandes salles en bas du palais ducal, qui ont ensemble 97 pieds de roi de longueur et 27 pieds 8 pouces de largeur. Au-dessus se trouve une salle qui n'est pas séparée comme celles du bas, et plusieurs autres salles à côté, dans lesquelles on accède de l'une dans l'autre. Dans l'étage supérieur se trouve la pièce que l'on appelait autrefois la *Salle Verte*, longue de 96 pieds et large de 27. Au bas de cette salle verte, ainsi désignée à cause de la couleur dont elle était peinte, il y a une chapelle de 50 pieds de longueur sur 18 de largeur, qui porte encore aujourd'hui le nom de la Chapelle au Duc. Toutes ces salles sont très agréablement pavées *pavimenta tesselata*. Elles représentent des labyrinthes, des chasses, des armoiries, etc. On y voit également une cuisine de 56 pieds carrés, dont les angles sont coupes et dans chacun desquels il se trouve quatre cheminées; enfin une écurie de 126 pieds de longueur sur plus de 50 pieds de largeur. Vous m'avouerez, monsieur, aussi bien que ces bons religieux le faisaient hier, que ces bâtiments n'ont pas été faits pour leur communauté. Néanmoins tout cela ne fait pas la date de ces constructions qui sont évidemment postérieures au duc **Guillaume**. »

ANCIENS COUVENTS.

Carmes.

Un bourgeois de Caen, nommé Jean Pillette ou Pillet, fut le fondateur des Carmes, en 1278. Leur cloître fut bâti en 1612. La tour octogone de l'église qui subsiste encore près du quai, est d'un style moderne qui n'est pas dépourvu d'élégance. Le couvent a été converti en hôtel de gendarmerie. Sur la porte d'entrée du cloître, on lisait ce singulier distique en l'honneur du bienheureux Simon Stock, un des saints de l'Ordre :

D	Di	Si	scap	ac	ab as
um	vus	mon	ulare	cepit	tris.
T	sœ	Dœ	ul	in	in an

Croisiers.

L'institution des PP. Croisiers à Caen, remonte à l'année 1306, quoiqu'ils y fussent établis auparavant. M. de Rochechouart, évêque de Bayeux, supprima leur couvent en 1772. Une partie de l'église a été abattue de nos jours ; le reste est devenu une propriété particulière.

Jacobins.

On attribue à saint Louis la fondation des Jacobins. Ces religieux remplissaient à Caen les fonctions d'inquisiteurs de la foi, et on les vit figurer comme tels en 1307, dans le procès des Templiers. Leur église pillée en 1562 par les religionnaires, a été détruite pendant la révolution. Il y avait derrière l'autel trois vitraux dans l'un desquels était représenté Guillaume Acarin, avec cette inscription au-dessus de sa tête :

Willelmus Acarin Sti Sepulchri decanus.

Dans celui du milieu on voyait saint Louis (ou peut-être un autre roi) touchant les malades. Dans le troisième, saint Louis était encore représenté, tenant dans sa main l'église des Jacobins qu'il présentait à Dieu, avec les trois rois qui lui offraient aussi l'or, la myrrhe et l'encens.

Par un arrêté du 18 octobre 1792, la commune de Caen ordonna la démolition de l'église des Jacobins, et fit disposer les bâtiments conventuels pour le logement des gendarmes nationaux et de leurs chevaux.

Cordeliers.

Les Cordeliers furent établis en 1236. Renversée en 1562, leur église avait été réédifiée en 1578. Michel de Saint-Martin y fut enterré en 1687 dans une chapelle qu'il y avait fait bâtir. L'Université avait choisi le couvent des Cordeliers pour y faire ses assemblées générales. Ce qui reste de cet établissement est maintenant occupé par les Bénédictines.

Capucins.

Le couvent des Capucins fut construit en 1576 ; ils s'étaient établis à Caen l'année précédente. L'église et ce qui reste des anciens bâtiments du couvent fait actuellement partie du Bon-Sauveur.

Jésuites.

L'abbé de La Rue a raconté les longs débats après lesquels les Jésuites parvinrent à s'établir définitivement à Caen en 1609, époque où ils prirent possession du collège du Mont. Lors de la suppression de cet ordre, leur église fut donnée à l'Université. M. de La Rue dit que la ville s'en empara en 1791. Nous ne savons trop jusqu'à quel point le fait est exact. Il semblerait contredit par une délibération du conseil de la commune, en date du 12 ventôse an III, et que nous citons parce qu'elle constate d'une manière curieuse l'opinion qui a longtemps régné à Caen sur la valeur monumentale de cet édifice:

« Le conseil général, instruit par l'administration du district qu'il existe une soumission pour acquérir l'église ci-devant de Notre-Dame, dite plus anciennement église des Jésuites, considérant que cet édifice, qui est UN DES PLUS BEAUX MONUMENTS DE LA CITÉ, et placé dans son centre, est en quelque sorte le seul qui puisse être *convenable pour la célébration des fêtes décadaires*, arrête, l'agent national entendu : que les administrateurs du district seront invités à suspendre la vente de ce temple, et que dans le cas où il serait passé outre à l'adjudication, il y sera fait, au nom de la commune, l'opposition la plus formelle. »

Nous ajouterons à ce que nous avons dit de cette église, que ce fut Segrais qui en posa la première pierre en 1684.

Oratoriens.

Les PP. de l'Oratoire s'établirent d'abord dans la rue Guilbert, en 1622 ; ce ne fut qu'en 1653 qu'ils se fixèrent dans celle qui porte leur nom. L'église qu'ils y possédaient a été détruite au commencement de nos troubles politiques.

Eudistes.

La congrégation des Eudistes ou des Pères de la Mission, est due au P. Eudes de la congrégation de l'Oratoire, et frère de l'historien Mézeray. Leur premier établissement est de l'année 1643. Eudes acheta la maison qui est vis-à-vis l'abreuvoir St-Laurent et y fonda une chapelle. Il fieffa ensuite de la ville un emplacement dans les Petits Prés, où il jeta, en 1664, les fondements du grand et du petit séminaire occupés aujourd'hui par la Mairie.

Béguines.

Les Béguines furent, après les dames de l'abbaye de Sainte-Trinité, les premières religieuses qui se fixèrent dans notre ville. Le relâchement qui s'était introduit dans leurs mœurs fit supprimer cet ordre par les papes, vers le commencement du XIVe siècle.

Carmélites.

On trouve ces religieuses installées en 1616 dans la rue Guilbert d'où elles passèrent dans la rue St-Jean. Celle qui porte aujourd'hui leur nom traverse l'emplacement qu'occupaient leur maison et leur église.

Nouvelles Catholiques.

Cet établissement fut fondé dans la rue Guilbert, en 1658, par M. Servien, évêque de Bayeux, pour recevoir les jeunes filles protestantes disposées à faire abjuration.

COMMUNAUTÉS ACTUELLES.

A l'époque de la révolution, on comptait à Caen sept couvents de femmes, qui se sont tous rétablis, en vertu du concordat de 1802, à l'exception des Carmélites et des Nouvelles-Catholiques.

Ursulines.

Jourdaine de Bernières fonda à Caen les Ursulines, et fut

leur première supérieure. Ces religieuses s'établirent dans la rue Guilbert, en 1624. Elles durent à Jourdaine, le vaste bâtiment qu'elles vinrent occuper douze ans après, dans la rue St-Jean, et qui, après avoir été converti en hôpital et en filature, vient d'être, en très grande partie, abattu pour faire place aux nouvelles rues du quartier Singer.

Les dames Ursulines sont aujourd'hui établies dans la rue de la Chaîne, en face du pavillon ouest du palais de l'Université.

Visitation.

L'ordre des religieuses de la Visitation de Notre-Dame fut institué en 1610, sous les auspices de saint François de Sales, par la baronne de Chantal, aïeule de Mme de Sévigné, dans le but de fournir une retraite et des secours aux filles et aux femmes infirmes. Ces religieuses vinrent de Dol s'établir à Caen, en 1631. Le couvent actuel occupe l'ancienne abbatiale de St-Etienne ; le premier a été converti en caserne.

Bénédictines du St-Sacrement.

La maison des Bénédictines fut fondée en 1645, par la marquise de Mouy, sur l'emplacement du collége de Loraille, situé rue de Geôle et dont il existe encore des restes fort curieux dans la partie occupée aujourd'hui par les frères de la Doctrine chrétienne. On les appelait les *Petites-Bénédictines* par opposition aux religieuses de l'Abbaye-aux-Dames, qui étaient aussi de l'ordre de St-Benoît.

Les nouvelles Bénédictines ont racheté de la ville, vers 1816, l'ancien couvent des Cordeliers. L'église est de la fin du XVIe siècle. On y voit des fenêtres assez élevées en ogives. Les voûtes furent construites en 1611, par un menuisier de Caen, appelé Noël de Lêtre.

La Charité.

L'établissement des religieuses de Notre-Dame-de-la-Charité ou du Réfuge, est de création locale et fut fondé à Caen en 1666, par le P. Eudes, aidé de M. le président Leroux de Langrie. « Jamais, dit M. Vaultier, l'esprit religieux ne réalisa une pensée de miséricorde plus touchante L'objet fut de subvenir aux misères des filles repenties et de leur fournir (après leur amendement opéré par le moyen de la prédication), un asile, où, sous la direction d'un institut de saintes femmes, elles trouvassent repos, subsistance, instruction et encouragements charitables, jusqu'à ce qu'on pût leur procurer ailleurs un emploi propre à les faire vivre à l'abri de tout retour à leurs désordres passés. » Les anciens bâtiments, situés dans la rue des Quais, ont été rachetés par des religieuses qui y ont renouvelé cet institut.

M. Vaultier remarque que « notre célèbre abbé de La Rue » avait commencé sa carrière ecclésiastique par être chapelain de la Charité.

TEMPLE DES PROTESTANTS.

Le premier temple que les protestants aient eu à Caen était placé entre la rue de Bayeux et la rue de Bretagne. Il fut bâti au commencement du règne de Louis XIII. Voici un passage assez curieux qu'on lit dans le journal manuscrit d'un bourgeois de Caen, conservé à la Bibliothèque : « 1612. Les Huguenots de ceste ville de Caen ont fait faire une maison que nous appellons *Godiveau*, parce qu'il est faict en façon de un pasté. Il fut faict par maistre Zacarie de St-Jean, maistre maçon en ceste ville de Caen…. » Ce temple dont il existe une gravure fort rare, subsista jusqu'en 1695, époque de la révocation de l'édit de Nantes. Le temple actuel est situé rue de Geôle, dans l'ancienne église des Bénédictines.

VI.

ÉTABLISSEMENTS DE BIENFAISANCE.

HOPITAUX.

Un assez grand nombre d'hôpitaux ont été fondés dans la ville de Caen à différentes époques. Il y en existait dix autrefois ; on n'en compte plus que deux aujourd'hui.

Hôtel-Dieu.

Il est difficile d'assigner à l'ancien Hôtel-Dieu une origine certaine. Les titres qui auraient pu nous éclairer sur ce sujet, égarés dès 1540, n'ont pas été retrouvés. Cependant l'abbé de La Rue semble établir que l'Hôtel-Dieu de Caen, fondé d'abord par Guillaume-le-Conquérant, fut reconstitué par Henri Ier, lorsqu'il eut séparé les lépreux des autres malades, en établissant un nouvel hôpital à Beaulieu.

Nos anciens écrivains ont donné de grands éloges à cet éta-

blissement ; mais il paraît qu'il était devenu humide et insa-
lubre, et depuis longtemps on réclamait un autre local pour
les malades. On ne pouvait faire un meilleur choix que celui
de l'Abbaye-aux-Dames. Mais à peine y ont-ils été transférés,
que la ville s'est empressée de vendre les bâtiments de l'Hôtel-Dieu. Ces deux beaux gables que M. de Bras, dans son
naïf enthousiasme, ne se lassait pas d'admirer, cette magnifique salle qui lui arrachait un cri de patriotique orgueil, *et
j'ose dire avecques assurance qu'il n'y a hospital en France
où il y ait une si belle et ample salle*, ont fait place à de
nouvelles constructions , admirables sans doute puisqu'elles
ont pour type générateur les arcades de la rue de Rivoli. Quand
donc s'arrêtera cette barbare manie de détruire sans nécessité ? « Les monuments, a dit Joubert, sont les crampons qui
unissent une génération à une autre ; conservez ce qu'ont vu
vos pères. » Au reste, l'Hôtel-Dieu actuel (car on a voulu que
l'abbaye changeât de nom en changeant de destination), peut
être placé au premier rang des établissements de ce genre ,
sous quelque rapport qu'on l'envisage.

Sous la République, l'Hôtel-Dieu porta le nom de Maison de
l'Égalité, puis d'Hospice de l'Humanité.

Hôpital Saint-Louis.

L'hôpital St-Louis est dû à Henri d'Orléans, duc de Longueville, gouverneur et bailli de Caen, en 1655. Il fut construit
dans un pré où se tenait, dès le Xe siècle, une foire annuelle
à la St-Denis. Les pauvres y furent reçus le 16 août 1678.
L'église, d'une construction fort simple et de mauvais goût, n'a
été achevée qu'en 1790. Malgré son titre d'hôpital-général, l'hôpital St-Louis fut particulièrement destiné à recevoir les vieil-
lards pauvres et infirmes. Il renferme aujourd'hui environ cent
personnes.

BON-SAUVEUR.

Il faut ranger le Bon-Sauveur au nombre des établissements
de bienfaisance, puisqu'on y reçoit les aliénés et qu'il y existe
une institution de sourds-muets. Il fut fondé en 1731 par Anne
Leroi ; mais le haut degré d'importance où il est parvenu, ne
date que de notre époque et est dû tout entier à M l'abbé Ja-
met, mort en 1845. Le Bon-Sauveur offre dans son état actuel
la réunion de plusieurs établissements différents, c'est-à-dire :
un hospice pour les aliénés, une maison de secours , une éco-

le de sourds-muets, une pension de jeunes demoiselles, une école gratuite pour les petites filles pauvres du quartier, enfin une maison de dames pensionnaires. La population du Bon-Sauveur s'élève aujourd'hui à plus de 1,200 personnes ; sur ce nombre il y a 690 aliénés, dont 400 femmes.

On montre aux Anglais qui visitent cet établissement, un pavillon situé dans le jardin. C'est là qu'est mort en 1839, le célèbre dandy George Brummell, le compagnon de jeunesse de George IV, et qui a fourni à notre ami Jules Barbey d'Aurevilly le sujet d'un petit livre, moins remarquable peut-être encore par l'originalité de l'esprit, que par la puissance du talent (1).

COLONIE AGRICOLE ET INDUSTRIELLE.

Nous devons également placer ici l'établissement pour les jeunes orphelins, fondé il y a peu d'années, dans une haute pensée de charité chrétienne, par M. l'abbé Leveneur, au faubourg Saint-Gilles. Une partie des enfants qu'on y reçoit sont exercés aux principales professions industrielles ; d'autres se livrent à l'agriculture et à l'horticulture. Une petite ferme-modèle vient d'être ajoutée à l'établissement. M. Roger, professeur d'histoire à la faculté des lettres, a publié une notice pleine d'intérêt sur cette remarquable institution, qui montre que le clergé comprend les besoins de notre époque et s'associe à toutes les idées de véritable progrès.

La ville de Caen possède maintenant trois salles d'asile ; il est question d'en établir une quatrième dans le quartier du Vaugueux.

VII.

MONUMENTS CIVILS ET MILITAIRES.

HÔTEL-DE-VILLE.

La commune de Caen, affranchie, en 1203, par Jean-sans-Terre, dut s'occuper vers cette époque de la fondation d'un Hôtel-de-Ville. Il paraît que le premier fut construit sur le pont Saint-Pierre. Celui qui l'y remplaça dans le XIVᵉ siècle, était flanqué

---

(1) *Du Dandysme et de G. Brummell*, par Jules-A. Barbey d'Aurevilly. Caen, 1845, in-16.

de quatre tours dans l'une desquelles était une horloge qui donna son nom à tout l'édifice (1). Il fut démoli vers l'année 1750. La piété de nos ancêtres, dit M. Vaultier, y avait gravé la devise :

UN DIEU , UN ROY,
UNE FOY , UNE LOY.

Les descriptions que nous en ont laissées nos anciens historiens font regretter ce monument. M. de Bras décrit avec complaisance ses beaux cadrans dorés qui marquaient l'heure et les *crois et decrois* de la lune ; Huet, cette sonnerie harmonieuse qui répétait les hymnes de l'Église. Le premier rapporte que de la haute salle de la maison commune où se tenaient les assemblées publiques, on voyait « au droit de la rivière, vers l'Orient, arriver les navires venant de la mer, chargés de précieuses et rares marchandises. » Le second a conservé l'inscription gravée sur le timbre de l'horloge, et qui était ainsi conçue (2) :

> **Puisque la ville me loge**
> **Sur ce pont pour servir d'anloge**
> **Je ferai les heures ouir**
> **Pour le commun peuple réjouir.**
> **Ma faicte Beaumont l'an mil trois cents quatorze.**

Après la destruction de ce monument, la ville tint ses assemblées dans l'hôtel de Nicolas Le Valois, sur la place Saint-Pierre. Elle l'avait acheté en 1753 de la famille de Touchet. A l'époque de la révolution, l'Hôtel-de-Ville fut transféré dans l'ancien séminaire des Eudistes qu'il occupe aujourd'hui.

Ce bâtiment situé sur la Place Royale, dont il forme tout un côté, est vaste, mais d'une architecture bâtarde et sans caractère. Cependant la façade telle qu'elle est nous semble devoir fixer l'attention de l'autorité municipale. D'abord, il faudrait placer à la fenêtre de la Bibliothèque un balcon en harmonie

(1) On l'appelait le Gros-Horloge.

(2) « La cloche, dit l'abbé de La Rue, dans une des notes jointes à son exemplaire de Huet, la cloche qui servait de timbre à cette horloge, a été fondue en 1808, et fait partie de la sonnerie de St-Pierre. »

avec le style de l'édifice. Les quatre niches du portail ne doivent pas rester vides. Guillaume-le-Conquérant et la reine Mathilde n'ont, jusqu'à présent, reçu de notre ville aucune marque publique de souvenir ; elle n'a consacré aucun monument à leur mémoire. Ce sont eux cependant qui l'ont dotée de deux des plus beaux édifices religieux que possède la France ; c'est à eux que nous devons nos premières écoles et nos premiers hôpitaux. Que notre tardive reconnaissance place donc les images de Guillaume et de Mathilde à la façade de notre Hôtel-de-Ville. Qu'au-dessous d'eux apparaisse la vénérable figure de l'excellent et vrai patriote, M de Bras, notre premier historien, trop oublié parmi nous. Qu'à côté de lui on voie celle du docte évêque d'Avranches, de Huet, notre second historien. Cette dépense ne serait pas ruineuse pour la ville, et l'on acquitterait une dette publique envers deux de nos concitoyens, qu'anima un égal amour de leur patrie, et dont la postérité a consacré les droits à l'illustration.

Maires de Caen depuis 1789.

1790. Leforestier de Vandeuvre.	1796. *Daigremont.*
1790. Bonnet de Meautry.	1797. *Lamy.*
1791. Auvray de Coursanne.	1797. *Louvel-Janville.*
1792. Le Goupil Duclos.	1798. *Godefroy.*
1793. St-Martin.	1798. *Diguet* (1).
1793. Sosson.	1800. Daigremont - St - Manvieux.
1793. Fanet.	1806. Lentaigne-Logivière.
1793. Gast.	1816. Le comte de Vendeuvre.
1794. Langlois.	1824. Le comte d'Osseville.
1794. Daigremont.	1830. Lefebvre-Dufrène.
1795. Le Goupil Duclos.	1834. M. A. Donnet.

CHATEAU DE CAEN.

Nous avons vu que Guillaume-le-Conquérant fut le fondateur du château de Caen. Si l'on en croit la chronique de Normandie, le lieu où il est situé avait été précédemment fortifié. Le château de Caen compte Duguesclin parmi ses gouverneurs. M. Lechaudé d'Anisy a possédé un ordre *autographe* donné par lui en cette qualité. L'année de son séjour (1373), forma pour nos

(1) Les noms en italique sont ceux des présidents de l'Administration municipale, qui remplacèrent les maires sous le Directoire.

ancêtres une époque historique qui se conserva longtemps comme un fait mémorable. On lit dans les actes publics de ce temps, lorsqu'il s'agit de fixer une date : *c'est l'année de la venue du bon connétable ; c'est l'année tant, avant ou après la venue du bon connétable.* En 1418, le jour Saint-Georges, Henry V, roi d'Angleterre, fit célébrer la fête de ce saint dans l'église du château ; et, dans un chapitre tenu le même jour, il créa douze chevaliers de l'Ordre du Bain. Le château de Caen fut repris sur les Anglais trente-deux ans après ; Dunois y arbora la bannière de France le 1er juillet 1450.

On sait que les représentants du peuple Romme et Prieur furent emprisonnés dans le donjon en 1795, et l'on prétend même que c'est là que Romme a composé son calendrier républicain. La Convention ordonna que le château serait démoli, à l'exception de la cabane d'un vieillard, et une colonne infamante élevée sur son emplacement. Il n'y eut guère que le donjon d'abattu ; les événements qui se succédaient avec une effrayante rapidité, et peut-être le bon esprit de l'administration locale, ne permirent pas que cette absurde mesure reçût entièrement son exécution.

CASERNES.

La construction de la partie des nouvelles casernes qu'on a vue si longtemps inachevée, fut adjugée en 1785 à un entrepreneur nommé Chemin, au prix de 257,000 livres. Louis XVI y posa une pierre le 26 juin de l'année suivante. Les travaux s'exécutèrent sous la conduite de M. Couture, architecte du roi, jusqu'en 1789, époque où l'adjudication fut résiliée par arrêt du conseil, du 14 août. On évalua à 168,250 livres les travaux faits par cet entrepreneur. L'intérêt de la ville en réclamait avec instance la continuation. Ils ont enfin été repris et terminés en 1835 ; mais sans doute par un motif d'économie, on n'a pas suivi entièrement le plan primitif. Cet édifice est sans caractère comme tous ceux que la ville voit s'élever depuis plus de deux siècles.

PALAIS DE JUSTICE.

La cour suprême de l'Echiquier jugeait anciennement ses causes dans l'église St-Georges du château ; les matières financières se traitaient dans une chapelle située dans la rue Saint-Jean, et dont M. de La Rue croit avoir retrouvé les restes dans la seconde maison à droite en partant du pont Saint-Pierre.

Le Bailliage et la Vicomté rendaient autrefois leurs arrêtés dans une maison de la rue des Cordeliers. Ils furent transportés depuis dans la rue de Geôle. La Vicomté fut supprimée en 1741 ; le Bailliage a subsisté jusqu'à la Révolution.

Le nouveau Palais de Justice a été construit en partie sur les plans de M. Lefebvre, ingénieur en chef. Il était destiné à renfermer les juridictions et les prisons de la ville. La construction des prisons fut adjugée le 13 octobre 1781 ; celle des salles d'audience du Bailliage le 26 octobre, celle de la façade principale le 28 mai 1787.

Cet édifice a été il y a vingt ou trente ans l'objet d'une espèce d'admiration banale qu'il partageait avec la Gloriette ; on les citait aux étrangers comme les deux merveilles architecturales de la ville. Il est magnifiquement situé sur la place Fontette, d'où il domine les prairies ; mais, en vérité, c'est là tout ce qu'il est possible d'en admirer. Nous ne parlons pas de la nullité d'expression du monument, signe commun de tout ce qui se bâtit de nos jours ; mais sa lourde masse offre, dans son ensemble, un amalgame de formes sans nom, qui passe le terme imaginable du laid et du ridicule. La distribution intérieure laisse d'ailleurs beaucoup à désirer. Il n'était pas encore achevé d'un côté qu'il a fallu le reconstruire de l'autre. Nous insistons sur ce fait, parce qu'un des grands arguments des adversaires de notre ancienne architecture nationale, c'est qu'elle a moins de solidité que le style pseudo-grec. Sans doute, St-Etienne est là tout auprès depuis huit siècles pour le prouver.

HÔTEL DE LA PRÉFECTURE.

L'hôtel de la Préfecture, qui a coûté des sommes énormes au Département, est loin d'offrir les caractères de cette architecture monumentale qu'un pareil édifice devait comporter. Quelques détails assez soignés et la distribution bien entendue, d'une partie des grands appartements, ne rachètent pas les défauts de cette colonnade de l'aile gauche, qui n'est qu'un placage sans objet, et surtout de ce second étage écrasé qui déshonore tout le reste. L'aile droite qui devait renfermer les bureaux, n'est pas terminée, et il est probable qu'elle ne le sera pas de longtemps. En attendant, ils sont placés dans l'ancien collège du Mont, qui n'est séparé de l'hôtel que par les jardins de la Préfecture.

Chronologie des Préfets du Calvados.

1800. Collet-Descotils.	1815. Ramel.
1800. Le général Dugua.	1815. Le vicomte d'Houdetot.
1801. Caffarelli.	1815. Le comte de Berthier.
1810. Le baron Méchin.	1817. Le comte de Montlivault.
1814. Séguier.	1830. Target.
1815. Le baron Richard.	1843. M. Bocher.

SALLE DE SPECTACLE.

Caen n'a possédé pendant longtemps qu'une salle de spectacle fort incommode, et dont la décoration était aussi négligée que la construction était mal entendue. La salle actuelle a été bâtie sur les plans de M. Guy, architecte de la ville. A l'intérieur, elle est d'une coupe circulaire, avec trois rangs de loges ou plutôt de galeries élégantes. Le style appartient à la renaissance ; les ornements et les figures allégoriques méritent les plus grands des éloges. Le théâtre est spacieux, le lustre magnifique, et les décorations ont été peintes par M. Séchan et les premiers artistes de l'Opéra. On ne doit pas oublier le foyer, décoré lui-même avec le meilleur goût. Cette salle peut contenir 1,100 spectateurs ; mais toutes les places ne sont pas également commodes. L'inauguration en a eu lieu le 23 avril 1838, par un discours en vers de M. Alphonse Le Flaguais.

Le théâtre de Caen a joui autrefois d'une célébrité méritée. On se souvient que c'est sur notre scène que se formèrent Fleury et d'autres acteurs distingués.

ACADÉMIE D'ÉQUITATION.

L'école d'équitation, fondée ou plutôt régulièrement organisée en 1719, obtint une grande célébrité sous M. de la Guérinière, frère de l'écuyer du roi, si connu par ses ouvrages. On y comptait parmi les élèves un grand nombre de jeunes Anglais, appartenant aux premières familles de leur pays. Après avoir éprouvé différentes vicissitudes, cet établissement est dirigé aujourd'hui par M. Person fils, qui le sauva, en 1827, d'une ruine à peu-près certaine. La ville se propose de faire restaurer les bâtiments qui sont dans un état de délabrement complet.

COURSES.

Ces courses ont été instituées en 1837, dans le but d'améliorer la race chevaline normande, et la création en est due particulièrement au zèle de M. P.-A. Lair, qu'on trouve à la tête de toutes les institutions utiles au pays. Elles ont lieu vers la fin de juillet, dans la prairie où la ville a fait tracer un magnifique hippodrome.

POISSONNERIE.

La poissonnerie était établie primitivement sur la place du Marché-au-Bois. Elle fut transférée le 28 prairial an VIII, dans l'ancien cimetière de St-Pierre, d'où nous l'avons vue transférer de nouveau dans le local actuel, en 1832.

ABATTOIRS.

Cet établissement, situé sur la rive droite de l'Orne, non loin du pont de Vaucelles, a été construit la même année. Il laisse, dit-on, à désirer sous plus d'un rapport ; on trouve surtout qu'il n'est pas assez vaste.

UNIVERSITÉ.

Les institutions fondées à Caen pour propager l'instruction, furent détruites ou abandonnées à l'époque de la prise de cette ville, par Henry V. Ce prince se contenta d'y établir des écoles de théologie et de droit. L'érection de l'Université est due à son fils, Henry VI. Les premières lettres patentes données à cet effet, sont datées du mois de janvier 1431. Elles n'établissaient que les deux facultés de droit canonique et de droit civil. Le pape Eugène IV confirma cette fondation. Les facultés de théologie et des arts ne furent réellement fondées qu'en 1437, avec la faculté de médecine. Henry VI donna , deux ans après, les statuts qui devaient régir l'Université. C'est la véritable époque de son organisation. Michel Tregore ou Tregory, prêtre anglais, depuis archevêque de Dublin, en fut le premier recteur en 1440.

Après la conquête de Caen, Charles VII supprima la faculté de droit civil, par le motif assez étrange qu'il n'en avait pas été créé dans l'université de Paris ; mais il la rétablit en 1452 (1). On raconte que, dans l'enthousiasme de sa recon-

_____

(1) Les premières lettres patentes de ce prince portent que la ville de Caen , quoique grande , est mal peuplée , sans manufactures , sans com-

naissance, l'Université voulait brûler les chartes de Henry VI, son fondateur. Louis XI qui n'excusait que les crimes qui se commettaient dans son intérêt, la fit rougir de son ingratitude, en lui ordonnant, en 1470, de célébrer, par des actions de grâces, le rétablissement de Henry sur le trône d'Angleterre. Depuis cette époque, l'Université de Caen s'est constamment signalée par son attachement à ses princes. « Renversée par le torrent révolutionnaire, lisons-nous dans une page manuscrite, l'Université voulut du moins tomber avec gloire. Elle fut la seule qui osa proclamer les droits de l'Église et de la monarchie. Sa déclaration du 25 mai 1791 fut applaudie dans toute l'Europe, et le souverain pontife, par son bref de la même année, la félicita sur sa doctrine et son courage. »

« Cette université, lit-on ailleurs, s'est rendue fameuse et a augmenté la réputation que la ville de Caen s'est acquise sur toutes les autres villes du royaume, par l'érudition, par la politesse et l'agrément de l'esprit de ses habitants. » Lorsque Louis XIV fit publier la célèbre édition des auteurs *ad usum Delphini*, dont l'idée appartient à Huet, la ville de Caen fournit seule plus d'hommes capables de travailler à cette entreprise que ne firent des provinces entières de la France.

Elle solennisait chaque année avec pompe la fête de la Conception de la sainte Vierge, dite par excellence *la Fête aux Normands*. Un avocat, nommé Jean Le Mercier, invita, en 1527, les poëtes à la célébrer, et leur distribua des prix. Telle fut l'origine du Palinod que l'Université convertit en institution permanente et qui subsista jusqu'en 1790. On lui dut, en partie, les progrès que fit parmi nous la poésie française (1), et peut-être des hommes qui ont honoré depuis le Parnasse, tels que Malherbe, Bertaut, Sarasin, Segrais, Malfilâtre et quelques autres. Il a été plusieurs fois question de relever cette institution littéraire. En 1809, M. Lentaigne-Logivière, maire de Caen, disait dans un discours qu'il prononça pour l'inauguration de la Bi-

---

merce, sans grosse rivière qui facilite le transport des denrées. Les secondes la félicitent, au contraire, sur ses grands ports, ses grandes rivières et la subtilité de l'esprit de ses habitants. Et cependant il n'y avait entre elles que deux années d'intervalle ! Cette étrange manière de motiver les actes de l'administration est encore en usage aujourd'hui, et nous en pourrions citer des exemples.

(1) On sait que ce fut aux poëtes et aux beaux esprits de Caen que la duchesse de Longueville défèra le jugement en dernier ressort sur les fameux sonnets de *Job* et d'*Uranie* qui avaient divisé en deux partis, la cour, la ville, l'Académie, ou, pour mieux dire, la France entière.

bliothèque et du Musée : « Je proclamerais ici ce rétablissement et le premier concours pour 1810, si l'Académie qui vient
d'être créée en cette ville n'ambitionnoit elle-même de rendre
la vie à une institution dont elle connaît les heureux résul-
tats, etc. » Pendant son passage au ministère de l'instruction
publique, notre compatriote M. de Guernon-Ranville avait
aussi conçu l'idée de rétablir le Palinod; mais les événements de
1830 l'empêchèrent de réaliser ce patriotique projet. Ainsi c'en
est fait et pour toujours ; car ce n'est pas l'âge de la vapeur et
des chemins de fer qui nous rendra ces jeux poétiques.

L'Université de Caen eut dans cette ville plusieurs collèges
dont quelques-uns subsistaient encore à l'époque de la révolution, Les plus célèbres étaient le *collége du Mont*, mentionné
dès 1494, dans les registres de l'Université ; le *collége du Bois*,
peut être encore plus ancien, et le *collége du Cloutier*, fondé
en 1452 et supprimé en 1751. Il était placé dans la rue Neuve-
St-Jean. Le *collége des Arts*, situé vis-à-vis les bâtiments de
l'Université, appartenait à la faculté dont il avait pris le nom.
A la fin du même siècle, la faculté y ajouta une belle façade,
ornée des statues des arts libéraux ; elles furent abattues en
1562, par les protestants qui les prirent pour des saints. Louis
XVI l'érigea, en 1786, en collége royal de Normandie.

Les bâtiments de l'Université sont du commencement du
XVIIIe siècle. L'intendant Foucault en posa la première pierre
en 1701. Des augmentations et des changements considérables
y ont été faits sous le rectorat de M. l'abbé Daniel. On doit inau-
gurer cette année même les statues en bronze de Malherbe, par
Dantan ainé, et de La Place, par Barre, qui s'élèveront devant
la façade principale.

Collége royal.

Le Lycée qui devint plus tard le Collége royal, occupe depuis 1804 les bâtiments de l'ancienne abbaye St-Etienne. Il y
remplaça l'administration départementale qui avait elle-même
remplacé les Bénédictins. On compte dans cet établissement
326 internes et près de 350 externes. Depuis 1852, des cours
spéciaux y ont été annexés pour les jeunes gens qui se desti-
nent aux professions commerciales et industrielles.

Imprimerie.

Il existait à Caen des imprimeries à une époque où ces établissements étaient encore fort rares dans une grande partie de la France. Jacques Durand (1) et Gilles Quijoue y firent paraître, en 1480, les *Epîtres d'Horace*. On croit que c'est le plus ancien livre imprimé à Caen, et qu'il n'en existe plus qu'un seul exemplaire, qui se trouve dans la bibliothèque du comte de Pembroke. L'abbé de La Rue pense que ces imprimeurs étaient des artistes ambulants, car on ne connait pas d'autre ouvrage sorti de leurs presses. C'est dans cette ville, ainsi que le prouve une pièce du poëte latin Jean Rouxel, que Christophe Plantin, né en 1514, et l'un des plus célèbres typographes de son siècle, apprit les éléments de son art chez l'imprimeur Robert Macé, dont le père imprima le premier en Normandie, avec des caractères de fonte. On conserve aussi un Térence, imprimé à Caen chez Martin et Pierre Philippe, en 1534, sous le règne de Henri II, dans le temps où le célèbre Robert Estienne dirigeait l'Imprimerie royale, fondée en 1531, par François Ier. Voici une liste des premiers imprimeurs de Caen, que nous avons trouvée parmi quelques notes de l'ancien bibliothécaire, M. Moysant (2) :

Jacques Durandas, } 1480.	Richard Macé, 1505.
Guillaume Quijoue, }	Michel Angier, 1508.
P. Regnault, 1492.	Laurent Hostingue, 1512.
Richard Pinson, 1493.	Robert Macé II. 1522.
Robert Macé I, 1499.	Bertrand Hostingue, 1557.
Guillaume Haguais, 1503.	Bénédic Macé, 1558.

Le savoir de Bénédic Macé passa en proverbe à Caen. L'imprimerie fut exercée aussi dès les premiers temps dans cette ville par la famille Poisson qui, depuis près de trois siècles, soutient si honorablement sa réputation.

SOCIÉTÉS SAVANTES.

Les Sociétés savantes de la ville de Caen sont au nombre de six.

Académie

Huet rapporte, d'après Moisant de Brieux, que l'origine de

(1) Maittaire et tous ceux qui l'ont copié l'appellent *Durandas* ; c'est probablement une faute d'impression pour *Durandus*.

(2) Nous l'avons complétée au moyen des précieuses recherches sur nos origines typographiques, dont le patriarche des bibliophiles normands, notre excellent et vénérable ami M. Méritte-Longchamp, vient de faire don à la Bibliothèque de la ville.

l'Académie des Belles-Lettres est due à l'ancienne habitude que les *honnêtes gens sans emploi* avaient de se rassembler au carrefour Saint-Pierre, pour s'entretenir des affaires publiques et de leurs intérêts privés (1). Ces réunions avaient lieu principalement le lundi, jour de l'arrivée de la poste. On y lisait la *Gazette*, et chacun s'y communiquait ce que les lettres du dehors annonçaient d'intéressant. Malheureusement les curieux étaient souvent contrariés par le mauvais temps. C'était un véritable inconvénient auquel M. Moisant, sieur de Brieux, remédia, en leur faisant accepter sa maison qui était située sur cette place. Il arriva bientôt qu'après la lecture des nouvelles, on commença à s'y occuper d'objets littéraires et scientifiques ; et dès l'année 1652, cette réunion devint une compagnie réglée. M. de Brieux, étant mort en 1674, la société trouva un nouvel appui dans la protection de M. de Matignon, lieutenant de roi de la Province. Quelque temps après, Segrais qui en faisait partie, la réunit dans sa maison, comme nous l'avons déjà dit. Enfin, M. Foucault, intendant de Caen, obtint pour elle au mois de janvier 1705 des lettres-patentes de création, sous le titre d'*Académie des Sciences, Arts et Belles-lettres* qu'elle garda jusqu'à la révolution.

Elle eut à cette époque le sort de toutes les compagnies du même genre. Réorganisée sous le nom de *Lycée*, le 12 décembre 1800, par le préfet Dugua, elle reprit l'année suivante celui d'*Académie des Sciences, Arts et Belles-Lettres*, qu'elle a conservé depuis. Elle avait publié avant la révolution plusieurs volumes de Mémoires qui sont devenus assez rares. Depuis sa réorganisation, elle en a donné sept autres qui ont été accueillis avec intérêt.

Quelques membres de cette académie en fondèrent une autre en 1664, où l'on s'occupa exclusivement de l'étude des sciences ; mais, malgré l'appui de l'intendant Chamillart et la faveur de Colbert, elle ne subsista que jusqu'en 1676.

Autres sociétés savantes.

La *Société d'Agriculture*, dont la création remonte à l'année 1761, fut rétablie en 1801, sous sa dénomination actuelle de *Société d'Agriculture et de Commerce*. Elle a publié cinq volumes de Mémoires, et s'est particulièrement appliquée à

(1) Ce goût des nouvelles a été signalé par J. César comme un des caractères distinctifs des Gaulois. *De Bello Gall.*, lib. iv.

propager les découvertes utiles. Plusieurs parties de l'économie agricole ont profité de ses lumières et de ses observations. Le commerce se rappelle avec reconnaissance qu'elle a puissamment contribué à ces expositions publiques des produits de l'industrie, qui sont la source de tant de progrès dans les arts.

La *Société de Médecine* fut instituée en 1798, par l'Administration centrale, sous le titre de *Conseil de Santé*. Elle s'associa, en 1802, les membres de l'ancienne faculté de médecine, et prit alors le nom sous lequel elle est maintenant connue.

Deux sociétés plus récentes, la *Société des Antiquaires* de *Normandie* et la *Société Linnéenne du Calvados*, fondées par M. de Caumont, en 1823, ont déjà donné plusieurs volumes de Mémoires, qui leur assignent un rang distingué parmi les compagnies savantes.

Vers la fin de 1822, se forma sous les auspices de M. Spencer Smith, la *Société philharmonique*, composée d'artistes et d'amateurs, qui a pour but de cultiver l'art musical et d'en répandre le goût. Elle a créé à cet effet une école spéciale. Cette société ne publie point de Mémoires ; mais elle donne chaque année des concerts publics, dont le produit, qui s'est quelquefois élevé à près de 12,000 fr., est employé au soulagement des pauvres.

Enfin, il s'est établi, en 1832, sous le titre d'*Association normande*, une société ayant pour but d'encourager « les progrès de la morale publique, de l'enseignement élémentaire, de l'industrie agricole, manufacturière et commerciale, etc., dans les cinq départements formés de l'ancienne province de Normandie. »

BIBLIOTHÈQUE PUBLIQUE.

Avant l'invention de l'imprimerie, la plupart des livres se transcrivaient dans les cloîtres, et c'est là, on ne doit pas l'oublier, un des services que les moines ont rendus à la civilisation. Les premières bibliothèques de Caen furent celles de l'abbaye St Etienne, de l'église du Sépulcre et de l'Université. M. de La Rue a fait connaître que l'enlèvement de quelques volumes, commis en 1460 et en 1480, dans la bibliothèque de l'Université, donna lieu à une bulle d'excommunication qui fut affichée dans toute la ville (1). Il fallait que les livres fussent

(1) Les livres y étaient attachés avec des chaînes de fer assez longues pour permettre de les porter sur des pupitres où on les lisait. On peut

bien rares ou qu'on y attachât un grand prix. Presque toutes les maisons religieuses renfermaient des collections de ce genre qui furent dispersées à la révolution. La plus importante était celle des Cordeliers qui avait été augmentée du double par les soins et le zèle si éclairé du P. François Martin.

La bibliothèque de l'Université ne contenait, en 1515, que 278 volumes, qui furent, avec ceux qu'on y avait ajoutés depuis, pillés par les religionnaires 47 ans après. Lorsqu'on la supprima, en 1701, il ne s'y trouvait plus que quelques manuscrits peu importants, et des éditions du XVe siècle et de la première moitié du XVIe, qui furent abandonnés avec une coupable condescendance à l'intendant Foucault. On en forma une nouvelle, en 1736, sous le ministère du cardinal de Fleury, qui y affecta une somme de 3,000 livres. Grâce à cette libéralité et aux dons de l'imprimeur Antoine Cavelier, elle commençait à prendre quelque importance, lorsque M. Lesueur de Colleville l'enrichit de la bibliothèque de son grand-père, Samuel Bochart, qui consistait en 2,005 volumes, d'autant plus précieux que la plupart sont chargés de notes de sa main. Enfin elle s'est augmentée depuis des livres sauvés du pillage des monastères et de ceux qu'elle a reçus du gouvernement. Elle renferme aujourd'hui environ 40,000 volumes. Les éditions du XVe siècle y sont au nombre de 72 ; la plus ancienne est un Arétin *de Bello adversus Gothos*, imprimé à Foligno, par Numeister, en 1470. Au premier rang des richesses et des curiosités bibliographiques qu'elle possède figurent 139 ouvrages annotés de la main de Bochart, et trois volumes provenant de la bibliothèque de Diane de Poitiers, admirables par leur reliure et leur conservation.

Autrefois, la Bibliothèque était placée dans une galerie des bâtiments de l'Université. On la transféra, en 1809, à l'Hôtel-de-Ville, où elle occupe dans la partie supérieure de l'ancienne église des Eudistes, un local magnifique. « La coupe de la bibliothèque, dit le fameux bibliographe anglais Dibdin, dont l'extrémité commande un beau point de vue, est digne d'un

voir à la Bibliothèque publique quelques-uns de ces livres qui sont encore dans leur première couverture de bois enveloppé d'une peau, et portant, comme dit M. Moysant, la marque de leur ancienne captivité. Parmi ces vénérables reliques bibliographiques, qui ont été fort bien restaurées, figure un volume du *Commentaire sur la Bible*, de Nicolas de Lyre, imprimé par Sweynheym et Pannartz, en 1471-72, et qui contient heureusement la mémorable requête de ces typographes au pape Sixte IV, où se trouve la liste des éditions imprimées par eux jusqu'alors.

2

étab issement qui appartiendrait à la capitale d'un empire. »
Quarante portraits des principaux créateurs et bienfaiteurs de
celle de l'Université et d'hommes illustres du pays, sont sus-
pendus autour de la salle et forment un très-beau coup d'œil.
Parmi ces portraits on remarque celui de Jacques Crevel, professeur en droit, peint en costume de recteur de l'Université,
par Tournières, de Caen, peintre du régent.

Tous les jours, à partir du 1er octobre jusqu'au 31 août, la
Bibliothèque est ouverte au public de 10 heures à 4 heures, en
toute saison.

Musée.

Le Musée fut composé d'abord des tableaux enlevés aux édifices religieux pendant la révolution, et placés dans l'église de la
Gloriette ou des Jésuites. Pour condescendre aux institutions
du temps, dit M. G. Mancel, on les couvrit d'inscriptions et
l'on remplaça le *Gloria in excelsis Deo*, écrit sur la banderolle
portée par l'ange du maître-autel, par la légende : *Liberté,
Égalité.* En l'an X, un arrêté des Consuls répartit entre quinze
villes de France les tableaux que ne pouvaient contenir les
Musées de Paris et de Versailles. La ville de Caen ne fut pas
oubliée, et elle s'empressa de disposer, dans une des galeries
de l'Hôtel-de-Ville, un autre local pour recevoir ces toiles précieuses qui étaient au nombre de quarante-sept. Le Musée
renferme aujourd'hui plus de deux cents tableaux, parmi lesquels il s'en trouve de très remarquables.

1. Le *Mariage de la Vierge*, peint sur bois par le Pérugin,
mort en 1514, et qui a compté Raphaël parmi ses élèves (1).

2. *Saint Jérôme dans le Désert*, par le même.

3-4. *Judith* et la *Tentation de Saint Antoine*, par Paul Véro-
nèse. L'ancien conservateur, M. Elouis, assurait que le premier de ces deux tableaux est le même que Dupaty avait vu
à Gênes et dont il parle dans sa lettre VII sur l'Italie.

24. *Descente de Croix*, par le Tintoret. M. Eugène Delacroix
a fait une copie de ce tableau, lorsqu'il est venu à Caen il y a
quelques années.

41. La *Flagellation par Ribeira*.

(1) Ce tableau, une des quatre œuvres capitales du Perugin, passait
pour un des spectacles les plus curieux qu'offrit la ville de Pérouse, où
il existait originairement. Depuis le traité de Tolentino, sa destination
était complètement ignorée. M. Rio en parle dans son beau livre sur la
peinture chrétienne, comme le croyant perdu.

44. *Saint Sébastien*, par Denis Calvaert.

45. *Melchisédech offrant le pain et le vin à Abraham*, par ubens.

47-49. Le *Vœu de Louis XIII* et la *Samaritaine*, par Philippe de Champagne. On prétend que le grand Arnauld et sa sœur, la mère Angélique, ont posé pour les deux personnages du second tableau.

52. *Intérieur d'un office*, par Sneyders.

53. *Chasse aux Ours*. Le catalogue du Musée attribue ce tableau et le suivant à Paul Devos ; mais M. Delacroix le trouve trop remarquable pour être de ce peintre, quel que fût son talent ; il le croit de Sneyders.

54. *Cheval dévoré par des Loups*. M. Delacroix pense que cette toile peut, en effet, appartenir à Paul Devos.

73. *Une Poule avec ses Poussins*, par Honderkooter.

125. La *Mort d'Adonis*, esquisse du Poussin.

126. *Baptême de Notre-Seigneur*, par Lebrun.— Lebrun faisait une si grande estime de ce tableau, que peu d'années avant sa mort, il offrit d'en donner une somme très-considérable, beaucoup au-dessus de ce qu'il en avait reçu (1).

130. *Tithon et l'Aurore*, par Vien, maître de David.

136. *Portrait de Mme de Parabère*, maîtresse du Régent. Le portrait est par Coypel, et les fleurs par Fontenay, né à Caen, en 1654.

144. *Chasse au Sanglier*, par Oudry.

153. L'*École d'Athènes*, copie d'après la fresque de Raphaël, par Stella.

160. *Portrait de Robert Lefèvre*, peint par lui-même.

On doit citer encore deux portraits, l'un de Vander Helst, et l'autre attribué à Rigaud, qui faisaient partie de la collection de tableaux léguée au Musée par notre compatriote M. Georges Lefrançois, mort à Venise en 1834.

Le Musée est ouvert au public le Dimanche et le Jeudi, depuis onze heures jusqu'à trois.

CABINET D'HISTOIRE NATURELLE.

Cet établissement a été fondé en 1824, sous les auspices de la Société Linnéenne, et par le zèle de M. de Magneville. Ses principales richesses consistent en objets d'histoire naturelle

(1) V. aux *Curiosités et Anecdotes*, une lettre de Lebrun relative à ce tableau.

appartenant à notre contrée. On y remarque surtout la collection de polypiers, et l'herbier de plantes marines du professeur Lamouroux, ainsi qu'un grand nombre d'ossements fossiles de crocodiles, d'ichthyosaures, etc., la plupart trouvés dans les carrières aux environs de la ville.

L'amiral Dumont-d'Urville a légué son herbier au Musée d'histoire naturelle. On y voit aussi un canon provenant du naufrage de Lapérouse, que l'illustre navigateur avait rapporté en France, et une foule d'objets curieux, produits de l'industrie des peuples sauvages, recueillis dans ses explorations du globe.

Le Musée, naguère placé dans un bâtiment dépendant de l'Hôtel-de-Ville, a été transféré dans une galerie du palais de l'Université, situé rue de la Chaîne.

JARDIN DES PLANTES.

Si l'étude de la botanique n'était pas entièrement ignorée dans le moyen âge, il est probable qu'elle se bornait à la connaissance des simples et du petit nombre de fleurs cultivées dans les jardins. Elle ne devint véritablement une science qu'après l'établissement de l'Université, lorsqu'on y fonda la faculté de médecine, qui commença à faire tous les ans, dans nos campagnes, des herborisations depuis les forêts de Cinglais jusqu'aux rivages de la mer, entre la Seulle et la Dive.

Un élève de cette faculté, nommé Guillaume Gueroult, publia à Caen, en 1509, une édition d'Æmilius Macer, *De viribus herbarum*. Vers la fin du XVIIe siècle, le professeur Callard de la Ducquerie rassembla dans son jardin environ 600 espèces de plantes. M. Marescot qui lui succéda, en 1718, parvint à force de soins et de démarches à déterminer, en 1734, le maire et les échevins à concéder à la Faculté la place Dauphine, pour être convertie en jardin de plantes médicinales. Ce terrain ayant reçu une autre destination par ordre du gouvernement, ce ne fut qu'en 1736 que l'Université, après s'être longtemps opposée à l'accomplissement des vœux de M. Marescot, consentit enfin à ratifier l'acquisition d'une propriété appartenant au sieur de Cairon Saint-Vigor, et qu'on appelait le *Jardin Bénard*. Elle coûta 3.500 livres. Le cardinal de Fleury y contribua pour 2.000, et la ville pour 1,200. L'Université voulut bien se charger de compléter la somme, et de pourvoir aux dépenses d'entretien.

Telle est l'origine du jardin de botanique. Marescot et son successeur Blot contribuèrent de tous leurs moyens à sa prospérité. L'enseignement de cette science fut depuis confié à des professeurs non moins zélés, parmi lesquels on distinguera toujours M. Desmoueux, mort en 1801. Ses élèves lui ont fait élever un tombeau dans le lieu même où ils recevaient ses leçons.

On évalue à 4,000 le nombre des plantes qu'il renferme. Le conservateur professe un cours d'horticulture qui est suivi par un grand nombre d'élèves.

VIII.

HOTELS,

MANOIRS, ANCIENNES MAISONS, MAISONS HISTORIQUES, FRAGMENTS DIVERS D'ARCHITECTURE ET DE SCULPTURE ( ).

Hôtels.

Hôtel de Nollent ou des Gendarmes.

L'hôtel de *Nollent* ou des *Gendarmes* était nommé dans le XVᵉ siècle le *Manoir des Talbotières*. C'est un édifice singulier, bâti comme lieu de plaisance par Gérard de Nollent, sous le règne de Louis XII. Un mur crénelé, dit M. de Jolimont. et deux tours à plate-forme, avec des fenêtres grillées, qui figurent en petit un castel fortifié, sont tout ce qui reste d'un apanage sans doute plus considérable. L'architecte, en donnant à cet édifice l'aspect guerrier, n'en a point exclu les ornements. Outre le chambranle décoré d'arabesques et des armoiries de Nollent, de la fenêtre de la grande tour, on remarque sur les murs un grand nombre de médaillons, offrant en relief des figures d'empereurs et de divers personnages historiques avec des devises. Mais ce qui paraît plus extraordinaire, ce sont deux statues en pierre, placées sur la plate-forme de cette tour, représentant des soldats ou gens d'armes dans une attitude menaçante. L'un est armé d'un arc et l'autre d'une hallebarde, et ils paraissent vouloir défendre l'approche du logis. Cette singularité a fait donner au manoir le nom de *Maison des Gendarmes*, et est toujours indiquée aux étrangers comme un objet très curieux.

(1) Un jeune et intelligent artiste que nous avons déjà nommé, M. G. Bouet, a, dans une suite de très-beaux dessins, reproduit avec son crayon la plupart de ces curieux édifices, bien mieux que nous n'avons pu le faire avec notre plume inhabile et rebelle. Aussi nous empressons-nous de signaler à nos lecteurs cette collection doublement précieuse car elle n'a été tirée qu'à un très petit nombre d'exemplaires.

Hôtel Le Valois ou d'Ecoville.

Cet hôtel, bâti en 1538, par Nicolas Le Valois, seigneur d'Ecoville, est un des plus magnifiques qui furent élevés à Caen dans le XVIe siècle. Il est composé de quatre corps de logis, dont trois seulement méritent l'attention. Le premier, qui forme presque à lui seul un des côtés de la place, est décoré d'ordres composés et d'une porte d'entrée voûtée, anciennement surmontée d'un très beau morceau de sculpture représentant un sujet tiré de l'histoire sainte, mais qui a été détruit ainsi que la plus grande partie des ornements des croisées et de la corniche. Le second, parallèle à celui-ci, occupe le fond de la cour et est divisé en trois pavillons également ornés d'ordre corinthien. Celui du milieu est surmonté d'un toit fort élevé et d'une fenêtre en lucarne, richement décorée d'arcades, de colonnes et d'entablements dans le goût du temps ; à droite de ce pavillon, on trouve l'entrée principale sous un péristyle ouvert, formé de deux arcades, qui conduit à un escalier construit en spirale, couronné à l'extérieur de deux lanternes à jour d'une grande élégance, qui dominent l'édifice d'une manière très pittoresque et rappellent, à quelques égards, les détails du fameux château de Chambord. Le troisième enfin qui forme le côté droit de la cour et vient se réunir en retour d'équerre au premier bâtiment, est remarquable par la beauté des sculptures et des ornements qui enrichissent les trumeaux des fenêtres. La partie inférieure de ces trumeaux offre deux niches avec chambranle à colonnes, dans lesquelles sont placées deux statues d'un bon style et de forte proportion qui représentent David tenant la tête de Goliath et Judith avec la tête d'Holopherne ; dans la partie supérieure, des écussons armoriés sont soutenus par des nymphes et des génies, et surmontés de trophées ingénieusement ajustés, le tout enrichi de lucarnes pyramidales terminées par des vases. Enfin on voit encore sur le reste des murs de jolis médaillons et des têtes en relief de personnages historiques ou fabuleux. On croit que ce riche édifice, qui sert aujourd'hui de bourse et de tribunal de commerce, fut construit par des architectes italiens.

L'hôtel Le Valois était vulgairement appelé l'*Hôtel du grand Cheval*. Ce nom lui venait d'une statue équestre de ronde-bosse et non point d'un bas-relief, ainsi qu'on le croit généralement, qui décorait la façade et représentait, selon Huet, le Vidèle et le Véritable de l'Apocalypse suivi de ses armées. La description la plus curieuse de cette statue, brisée en 1793, est celle

qu'en donne Cahaignes dans son éloge de Blaise Leprestre (1).
Était-ce, comme on est induit à le supposer, l'œuvre de cet
architecte qui, dans ce cas, aurait été aussi un habile sculpteur
ou *tailleur d'images* ? Il n'y a là rien d'impossible ; car on
sait qu'au moyen âge, ces deux professions se trouvaient souvent réunies, et à l'époque même où vivait Blaise Leprestre,
Michel-Ange en offrait encore un illustre exemple. Cahaignes,
il est vrai, n'est pas explicite à cet égard ; mais il résulte très
positivement de son texte un fait important et qui semble être
resté ignoré jusqu'à ce jour : c'est que ce groupe célèbre était
dû à un artiste de notre ville. Quel est-il ? quel est le nom oublié à remettre en mémoire ? Nous regretterions beaucoup de
ne pouvoir nous livrer ici à l'examen de cette question intéressante pour l'histoire de l'art à Caen, si nous ne savions qu'il se
prépare un nouveau travail sur l'Hôtel Le Valois, dans lequel
elle sera sans doute complétement éclaircie.

Ancien hôtel des Monnaies.

Les divers passages connus à Caen, sous le nom de *Cour
de l'ancienne halle* et de *Cour de la Monnaie*, dit M. G.
Mancel, à qui nous empruntons cette description, en l'abrégeant, renferment de précieux restes d'anciens édifices. Les
deux principaux sont l'hôtel d'*Etienne Duval*, situé dans la
partie connue sous le nom de *Cour de la Monnaie*, et l'ancien
Hôtel des Monnaies. Ces constructions sont l'œuvre d'Etienne
Duval, sieur de Mondrainville, mort en 1578 et l'un des citoyens les plus recommandables qui aient honoré la ville de
Caen.

L'édifice que l'on désigne sous le nom d'*Hôtel des Monnaies*
et qui est occupé aujourd'hui par une imprimerie, est ainsi
appelé parce que la chambre des monnaies y fut transférée de

(1) Comme cette description d'un monument autrefois si populaire
à Caen, n'a jamais été citée ni même mentionnée, du moins à notre
connaissance, et que l'ouvrage de Cahaignes est assez rare, nous croyons
utile de la reproduire ici :
*In vestibulo illius speciosæ domus, quam Nicolaus Valesius, dum
viveret magnitudine opum inter cives præcipuus, ædificandam cura-
vit, spectantur geminæ utrinque columnæ ad Gallicum morem extruc-
tæ, architecturæ luminibus illustratæ, et desuper ingens equus cui
gigas insidet, uterque integer et totus foras magno artificio prominens,
infra vero piures imagunculæ quæ extra solidum pollicari duntaxat
latitudine procedunt. Cujus operis singulæ partes tam justos commen-
sus habent, et universæ totius magnitudini tam apte respondent, ut
totum opus exquisitos judices in sui admirationem adducat.*

la rue Neuve-Saint-Jean, dans le courant du XVIJ^e siècle. Il rappelle un peu par la disposition du rez-de-chaussée les galeries auxquelles les Italiens ont donné le nom de loges. Les arcades sont flanquées de quatre colonnes corinthiennes, ornées à leurs bases des quatre cavaliers de l'Apocalypse en bas-relief. Les entre-colonnements présentent encore d'autres bas-reliefs ; mais tellement endommagés, qu'il est impossible d'en reconnaître le sujet. Sous la corniche se trouvent trois inscriptions en lettres noires. Le monument est surmonté d'un étage et accompagné à droite d'un charmant escalier.

L'édifice que nous nommerons plus spécialement Hôtel d'Etienne Duval est situé dans la cour dite de la Monnaie, près de la rue Leroy. Il se compose d'une tourelle sans ornements, donnant sur la rue même, et d'une autre tourelle ou cabinet construit en encorbellement, décoré de deux médaillons et surmonté d'une lanterne légère, terminée par une petite statue, d'un travail très fini. Ces tourelles dominent une partie de maison, dans le même style ; au bas de l'encorbellement on lit ces mots :

COELVM, NON SOLVM.
Le ciel, non la terre.

Plus haut, dans un cartouche, se trouve la phrase :

NE VITAM SILENTIO PRETEREANT.

qui fait déjà partie des inscriptions placées au-dessus de la corniche de l'Hôtel des Monnaies.

Hôtel de Than, rue St-Jean.

Cet hôtel, qui a été complètement négligé dans presque toutes les histoires et les descriptions de Caen, est cependant un des plus importants et des mieux conservés qui existent dans notre ville. Il a de plus le mérite très grand à nos yeux d'être le type unique qu'elle possède encore de l'architecture du XVIe siècle restée fidèle aux traditions et au style du moyen âge. Sous ce rapport, et sous celui-là seulement, nous n'hésitons pas à y donner la préférence sur les constructions italiennes de l'Hôtel Le Valois et de la Monnaie. Malgré quelques altérations regrettables, il offre de très beaux détails, surtout des fenêtres à frontons aigus, garnis de pinacles, au-dessus de l'entablement. La façade devant laquelle se trouve un petit portique surmonté d'armoiries, est ornée de médaillons sculptés. On remarque à l'angle nord du pignon une petite figure tournée vers l'Hôtel Le Valois dans l'attitude la plus irrespectueuse. Voici l'origine que lui attribue la tradition populaire. L'Hôtel de Than et l'Hôtel Le Valois furent bâtis en même temps. L'architecte de l'Hôtel de Than, devancé ou surpassé par l'autre dans son œuvre, se vengea par cette étrange insulte. C'est, sous une forme grotesque, l'éternelle histoire de la rivalité des artistes, depuis Dédale tuant son neveu par jalousie.

Ancien Palais Episcopal.

Le palais que les évêques de Bayeux avaient à Caen, était situé dans la rue Neuve-St-Jean (no 50). M. de La Rue l'a trouvé mentionné dès le XIe siècle, dans le cartulaire de l'abbaye de Troarn. Quelques parties de l'édifice sont du XVe siècle au moins ; on y remarque d'anciennes armoiries et des inscriptions en lettres gothiques. La partie plus moderne, attribuée à M. de Nesmond, doit être de 1673.

Hôtel de Colomby.

Cet hôtel, situé rue des Cordeliers, no 6, date du règne de Louis XIII. On y remarque surtout une tourelle carrée en encorbellement d'une grande saillie. C'est un édifice digne d'intérêt, et qui a conservé, presque sans altération, le caractère de l'époque où il a été construit. Il serait à désirer qu'il fût entretenu avec plus de soin.

ANCIENNES MAISONS.

On voit dans la rue de la Préfecture, en face de St-Etienne-le-Vieux, de beaux restes de l'ancien collège du Mont qui ont eu tout-à-fait le même sort que l'Hôtel de Than. C'est encore un précieux modèle d'ancienne architecture civile, avec pignon, cheminées et contreforts qu'on laisse dans un oubli presque complet. Cet édifice, qu'il serait si désirable de voir restaurer, remonte probablement au XIVe siècle. Nous regrettons beaucoup que le crayon de M. Bouet ne l'ait point reproduit.

Maison des Quatrans, rue de Geôle, no 31. Cette maison qui appartenait, en 1380, à Jean Quatrans, tabellion de Caen, offre sur la rue une longue façade construite à compartiments réguliers, et en beau bois d'échantillon, mais sans ornements;

l'intérieur de la cour est assez remarquable, surtout par une tour en pierre octogone, dans les trois quarts de sa hauteur, dont le sommet offre des angles saillants en encorbellement.

Il existe à l'angle de la rue Saint-Jean et de la rue des Quais, une autre maison fort remarquable ; mais dont il ne reste plus que le premier étage, élevé sur un rez-de-chaussée en pierre, et qui a été défiguré pour faire des boutiques. Cet étage est composé d'une série de petits pilastres, ornés d'arabesques et de médaillons représentant des saints du Nouveau Testament ou peut-être les sept Vertus. Cette maison qui date du XVIe siècle, a été fort bien décrite par M. de Jolimont, ainsi que la précédente.

Rue St-Jean, no 13.—Maison en pierre et en bois qui semble appartenir au XVe siècle. Si l'on excepte la façade qui n'offre rien de remarquable, c'est une de celles qui doivent le plus intéresser les artistes et les curieux. Nous la croyons la seule de son espèce dans la ville.

Rue St-Jean, no 37, au fond de l'allée.—Cette maison, dont personne ne s'était occupé avant que M. Bouet la dessinât, est incontestablement un des plus curieux et des plus beaux restes de l'architecture privée du XVe siècle que possède encore la ville. Les ornements sont d'une exécution soignée et du meilleur style. On prend vraiment en pitié nos laides maisons quand on voit ces belles maisons anciennes dont nos architectes modernes feraient bien de s'inspirer. Lorsqu'ils ont de si admirables modèles sous les yeux, on a de la peine à comprendre et surtout à leur pardonner ces constructions sans caractère et sans harmonie qu'ils élèvent chaque jour.

Rue St-Jean, no 94. — Maison en bois dont les étages sont établis en encorbellement les uns au-dessus des autres, de sorte que les pièces du premier étage sont plus grandes que celles du rez-de-chaussée, et ainsi de suite, en s'élevant au-dessus du sol. Cette disposition singulière, encore en usage dans l'Orient, était très commune au XVe siècle. C'est, après celles de la rue St-Pierre (nos 52 et 54), la maison en bois la plus curieuse qui reste à Caen.

Rue des Capucins, no 42. — Les restes d'un manoir du XVe siècle, avec des fenêtres couronnées de cordons, dont les extrémités viennent s'appuyer sur des animaux servant de cariatides ; les lucarnes sont surmontées d'un fronton garni de crochets, au centre duquel se trouvent des personnages en bas-relief.

Rue Écuyère, n° 42. — Une maison en pierre de la même époque, avec portes ornées de feuillages frisés et de personnages formant cariatides. C'est l'ancien hôtel de Girard Bureau, nommé vicomte de Caen, par Charles VII.

Rue St-Pierre, n° 52. — Maison en bois avec pignon sur la rue, dont toutes les poutres sont ornées de sculptures d'un travail assez fin. On remarque de petites statues sur les principaux pilastres de cette maison qui est du XVe siècle.

Rue St-Pierre, n° 54. — Maison en bois de la même époque, couverte de moulures et de rinceaux, sur laquelle on remarque aussi des figures de saints et de petits médaillons, etc. Ces deux maisons figurées par Bonington et M. Bouet, méritent un sérieux examen.

On voit dans la même rue, n°s 18-20, deux autres maisons en bois, dont les traverses sont sculptées en écailles imbriquées.

Rue de Geôle, n° 17. — Maison en pierre du XVIe siècle, ornée de médaillons avec des inscriptions. Une tradition fort douteuse la désigne comme la maison de Jean Marot. On trouve un Johan Marot, de la paroisse St-Pierre, inscrit en 1487 parmi les confrères de la Charité de St-Nicolas. Est-ce le père du poëte ? Suivant l'abbé de La Rue, il demeurait sur la paroisse Saint Gilles. On trouve dans les comptes de l'Abbesse de Caen, depuis la fin du XVe siècle jusqu'en 1515, que Jean Marot devait des rentes à l'Abbaye pour sa maison située rue Basse-Saint-Gilles. Les comptes de la collégiale du Sépulcre mentionnent aussi très souvent, vers la même époque, la maison de Jean Marot, comme située dans le même quartier de la ville. Mais il aurait fort bien pu en avoir deux.

Rue du Montoir-Poissonnerie, n° 10-12. — Deux maisons en bois contiguës, à pignons, probablement du temps de François Ier.

Haute-Rue St-Gilles, n° 9. — Belle maison en pierre du XVIe siècle qu'on désigne, nous ne savons trop pourquoi, sous le nom de Maison des Templiers Malheureusement il n'existe plus que le côté de la cour. Par un de ces actes d'inqualifiable stupidité dont on n'a que trop d'exemples, le propriétaire a démoli, il y a quelques années, la façade qui était, dit-on, plus remarquable encore, pour la remplacer par le mur badigeonné de rouge qu'on voit aujourd'hui.

Rue d'Auge, n° 20. — Jolie maison en pierre portant la date de 1549.

On pourrait citer beaucoup d'autres anciennes maisons dignes de l'attention des artistes et des antiquaires dans la ville de Caen ; mais nous sommes forcés de nous borner aux plus remarquables. Cependant nous ne pouvons finir sans signaler encore les restes d'un vaste édifice, rue St-Malo, une maison en pierre, rue Froide, nᵒˢ 35 et 35, et surtout une charmante tourelle en encorbellement qu'on admire rue des Chanoines.

MAISONS HISTORIQUES.

Maison de Malherbe, à l'angle des rues Notre-Dame et de l'Odon. Cette maison, bâtie en 1582, appartient à une époque où il s'était déjà introduit dans l'art un goût bizarre d'ornement et de construction qui caractérisait une funeste décadence. On lisait sur la partie la plus élevée des lucarnes, que le vandalisme du propriétaire a récemment détruites, les deux inscriptions suivantes ; sur l'une :

FRANCISCVS MALHERBVS
HASCE ÆDES EXTRVI CVRAVIT.
1582.

Sur l'autre :

CIVITATIS ORNAMENTO
LARIVMQUE AVITORVM
MEMORIÆ.

Maison de Bertaut. — Segrais assure que le poëte Jean Bertaut était né dans la maison qui fait face au carrefour St-Sauveur et où a demeuré Cavelier, imprimeur du Roi, qui en avait hérité de ses ancêtres.

Maison de Michel Angier, à l'angle de la rue aux Namps et de la rue des Cordeliers. L'abbé de La Rue rapporte qu'il a vu dans un manuscrit de la Bibliothèque cottonienne que cette maison avait été construite primitivement par Odon, évêque de Bayeux et frère de Guillaume-le-Conquérant. Notre célèbre imprimeur Michel Angier l'habitait au XVIe siècle, et l'auteur du manuscrit assure que c'était d'Angier lui-même qu'il avait appris l'origine de cet hôtel. « Cependant, ajoute l'abbé de La Rue, je serais assez porté à croire qu'on a fait confusion, et que l'hôtel attribué à Odon est celui de l'évêque Nicolas du Bosc, qui était précisément vers cet endroit dont nous ne connaissons plus l'ancienne topographie. » Quoiqu'il en soit, cette maison, bâtie sur voûte, renferme des caves ou salles souterraines fort remarquables, mais qui ne peuvent dater du XIe siècle. Ces caves, avec le mur du côté de la rue des Cordeliers dont l'appareil indique le XIIIe, sont tout ce qui reste de la construction primitive qui formait un manoir très important.

Maison d'Olivier de Brunville, lieutenant-général du bailli de Caen, à l'angle de la place St-Sauveur et de la rue Pémagnie. Lorsque le chancelier de Lhospital accompagna Charles IX à Caen, en 1563, il logea chez Olivier de Brunville qui sut se concilier toute son amitié et toute sa faveur. Les armoiries sculptées au fronton de la fenêtre qui donne sur la place St-Sauveur. sont gravées dans le travail de M. Bordeaux, sur les anciens blasons des maisons de Caen.

Maison de M. de Bras. — L'abbé de La Rue dit dans ses Essais historiques, que M. de Bras avait un hôtel à l'extrémité de la rue Guilbert, et que cette habitation, par la mort de Bernardin de Bourgueville, son arrière-petit-fils, sans héritier, passa à Isabelle, sa petite-fille, femme de Jean-Jacques de Cauvigny. Peu de temps avant sa mort, M. de La Rue nous a indiqué à nous-même comme la demeure de notre vieil historien, la deuxième maison à droite en entrant par la rue des Quais. C'est probablement celle qui se trouve au fond de la cour du no 37 et qui dépend de l'habitation de M. de Cauvigny. Au reste, il n'en faut plus chercher que l'emplacement, car toutes les constructions sont d'une époque beaucoup postérieure (1).

Il y a quatorze ans, nous terminions la Notice placée en tête de la réimpression des *Recherches et Antiquitez*, en exprimant le vœu que la ville de Caen rendît un hommage public à la mémoire de son vieil historien. Notre voix n'a pas été entendue ; mais nous espérons qu'il s'en élèvera un jour une plus puissante, et qu'on verra enfin s'accomplir cet acte d'une trop tardive reconnaissance.

Maison de Huet, rue St-Jean, no 142. C'est la première à gauche dans la cour du Grand-Manoir. Elle est possédée aujourd'hui par MM. de Piédoue, ses héritiers.

Maison de Samuel Bochart, rue Neuve-St-Jean, n° 17. On y montre encore le cabinet de travail où il composa la plupart de ses doctes ouvrages.

(1) Il existe dans la rue d'Auge une maison du XVIe siècle, connue sous le nom de *Maison du St-Esprit*, et qui a appartenu à M. de Bras, ainsi que le prouvent les titres de propriété.

3

Maison de Segrais, rue de l'Engannerie, no 7. Segrais y avait formé une galerie de tableaux qui se trouve en la possession de M. P. A. Lair. Il y avait consacré une statue à Malherbe qu'on voit également chez M. Lair.

Maison de Denis Porée, sieur de Vende, rue des Cordeliers, no 6. L'écusson qu'on voit sur cette maison nouvellement rebâtie, était accompagné autrefois d'une inscription grecque conservée par M. Bordeaux dans ses curieuses recherches héraldiques. Cette inscription apprenait que c'étaient les armes de la noble race de Denis de Vende, noble habitant de Caen, et médecin du Roi. L'abbé de La Rue, dans ses notes manuscrites sur Huet, dit que Henri IV anoblit Denis Porée, sieur de Vende, pour avoir guéri une de ses maitresses.

Maison de l'imprimeur Adam Cavelier, rue de la Préfecture no 50. Cette maison a été reconnue par M. Bordeaux. On y lit la date de 1628 au-dessous d'un médaillon qui représente un cavalier armé de toutes pièces et portant sur la poitrine le monogramme du nom de Jésus, avec cette légende :

IN NOMINE TUO SPERNEMUS INSURGENTES IN NOBIS. Ps. 43.

C'est la marque que Cavelier avait adoptée pour les livres qu'il imprimait.

Ancien Presbytère de la paroisse St-Martin, rue de l'Académie, n° 1. Nous plaçons ici cette maison, parce que le nom de Bernardin-de-St-Pierre s'y rattache d'une manière intéressante. On voit encore le figuier dont les fruits lui firent jouer ce tour d'écolier si bien raconté par M. Aimé Martin, et dont le souvenir l'égayait singulièrement. L'ancien presbytère de St-Martin parait dater du commencement du XVIIe siècle. Des inscriptions sont gravées sur le fronton des fenêtres.

Ancien hôtel de l'Intendance, rue des Carmes, n° 44. On voit encore au fronton un écusson fleurdelisé, mutilé par le marteau des révolutionnaires. Cet hôtel est devenu historique par le séjour qu'y firent les Girondins réfugiés à Caen, après le 31 mai 1793. Le siége du gouvernement fédéraliste y fut transféré avec la commission insurrectionnelle. Il s'y tenait des assemblées du peuple où les citoyens et les femmes mêmes s'empressaient d'accourir. Charlotte Corday y assista plusieurs fois. « Elle voulait avoir vu, dit M. de Lamartine, ceux qu'elle voulait sauver. »

Maison de Charlotte Corday, rue St-Jean, presque en face

la rue des Carmes, n° 148. L'héroïne y demeura chez sa tante, Mme Coutellier de Bretteville. M. de Lamartine la décrit ainsi :

« Dans une *rue écartée et déserte* de la ville de Caen, on voit au fond d'une cour une antique maison aux murailles grises, délayées par la pluie et lézardées par le temps. Un puits à margelle de pierre, verdie par la mousse, occupe un angle de la cour. Une porte étroite et basse, dont les jambages cannelés vont se renouer au sommet en cintre, laisse voir les marches usées d'un escalier en spirale qui monte à l'étage supérieur. Deux fenêtres en croisillons, dont les vitraux octogones sont enchâssés dans des compartiments de plomb, éclairent faiblement l'escalier et les vastes chambres nues. Ce jour pâle imprime, par cette vétusté et cette obscurité à cette demeure, ce caractère de délabrement, de mystère et de mélancolie que l'imagination humaine aime à voir étendu comme un linceul sur les berceaux des grandes pensées et sur les séjours des grandes natures. » En comparant cette maison avec la description de M. de Lamartine, on reconnaît toute la puissance de l'idéal sur les productions du poëte historien.

Hôtel d'Hautefeuille et *Hôtel Dufresne*, rue Guilbert, n°s 15 et 17. — Pendant leur séjour à Caen, en 1811, Napoléon et l'impératrice Marie Louise occupèrent ces deux hôtels qui avaient été réunis par des portes de communication.

M. P. A. Lair, toujours empressé de consacrer les glorieux souvenirs de notre ville, a fait placer, rue St-Jean n° 209, une plaque de marbre sur la porte qui conduisait à la maison de Malfillâtre, et une autre sur l'hôtel de la Douane où naquit le célèbre musicien Choron, en 1771. On ne saurait trop applaudir à ce généreux patriotisme. Mais pourquoi oublier des hommes tels que Segrais, Huet (1) et le grand citoyen Etienne Duval de Mondrainville ?

(1) Qu'il nous soit permis de citer ici le jugement porté sur Huet par le grand comte Joseph de Maistre. Il vaut bien toutes les plaques de marbre et tous les éloges académiques. L'illustre écrivain termine le parallèle de Bossuet et de Fénélon par ces paroles : « Honneur éternel de leur siècle et du sacerdoce français, l'imagination ne les sépare « plus, et il est devenu impossible de penser à eux sans les comparer.» Puis y ajoute en note : « Il faut leur joindre Huet pour avoir un triumvirat tel que l'épiscopat de l'Eglise catholique ne l'a peut-être jamais « possédé. Huet est moins connu que les deux autres, à cause de sa vie « retirée, et parce qu'il n'écrivit presque qu'en latin ; mais son mérite fut « immense. Géomètre, physicien, antiquaire, hébraïsant, helléniste du « premier ordre, latiniste délicieux, poète enfin, rien ne lui manque.»

FRAGMENTS DIVERS.

Pour ne rien omettre de ce qui peut intéresser les artistes et les curieux, nous mentionnerons aussi, au nombre de quelques fragments épars, une cheminée de la fin de la renaissance souvent citée, rue St-Jean n° 28, et un joli petit relief représentant une Cléopâtre au-dessus d'une porte, dans la cour d'une maison, rue du Vaugueux, maison que l'on assure avoir été celle d'Hector Sohier, l'architecte qui a bâti l'abside de St-Pierre. On doit démolir cette maison pour faire une salle d'asile. Il existe dans la rue Basse-St-Gilles, sur la première maison à gauche des Passets-Violets, un bas relief très fruste, représentant un animal qui tient quelque chose à sa gueule et semble ressembler à un renard, s'il est permis de s'exprimer ainsi. Mais, suivant la tradition populaire du quartier, c'est un loup qui dévora un enfant dans une forêt qui couvrait autrefois cette partie de la ville. Le père, appelé Gras, fit construire une maison à l'endroit même où ce malheur était arrivé, et y fit placer ce bas-relief pour en conserver la mémoire. On ajoute qu'il voulut aussi se faire représenter lui-même, et que la tête sculptée sur une pierre à l'angle opposé et qui a quelque chose du masque de Napoléon, est son portrait. Dans la rue St-Jean, en face de la rue des Carmélites, une maison modernisée, c'est-à-dire vandalisée, offre deux beaux médaillons de la renaissance. Enfin, pour terminer, mentionnons encore une charmante porte d'escalier dans la cour du Mesnil-Thouret, rue St-Malo ; elle est ornée de feuillages d'un beau travail, et surmontée d'un écusson soutenu par un ange, mais dont les armoiries sont effacées.

IX.

VANDALISME ET MUTILATIONS.

« Si je voulois descrire, dit M. de Bras, en parlant des ravages exercés de son temps par les protestants, si je voulois descrire et referer par le menu les choses exquises qui furent desmolies, brisées et bruslées aux susdits temples, un bon mois n'y suffiroit. » Ce serait en effet une longue et lamentable histoire que celle où l'on retracerait tous les actes de vandalisme que les trois derniers siècles ont vu s'accomplir dans notre ville. Nous ne l'entreprendrons pas. Nous nous renfermerons.

dans le présent, et la tâche sera beaucoup trop vaste encore. Chose étrange! Caen qui a vu fonder une société d'antiquaires justement célèbre, Caen qui est le siége d'une société pour la conservation des monuments, Caen est peut-être la ville qui conserve le moins les siens, et qui semble le plus rester étrangère à ce mouvement rénovateur qui s'opère de toutes parts. Nous pensons que la réunion de tous les efforts individuels, même les plus chétifs, est devenue nécessaire pour combattre le mal, et que parmi ceux qui s'intéressent encore aux merveilles dont l'art du moyen-âge dota notre ville, nul n'a le droit d'invoquer sa faiblesse pour se dispenser de leur prêter un secours tardif. « J'ai grande confiance dans la publicité, dit M. le comte de Montalembert, dont nous emprunterons souvent la voix pour donner à la nôtre l'autorité qui lui manque. C'est toujours un appel à l'avenir, alors que ce n'est point un remède pour le présent. Si chaque ami de l'histoire et de l'art national tenait note de ses souvenirs et de ses découvertes en fait de vandalisme, s'il les soumettait ensuite avec courage et persévérance au jugement du public, il est probable que le domaine de ce vandalisme se rétrécirait de jour en jour, et dans la même mesure où l'on verrait s'accroître cette réprobation morale qui, chez toute nation civilisée, doit stigmatiser le mépris du passé et la destruction de l'histoire. »

Le vandalisme moderne est exercé par différentes catégories de vandales dont M. de Montalembert a donné une classification qui est désormais consacrée. Nous sommes forcé, par l'étendue du sujet et les proportions du livre, de nous borner aux trois principales : le clergé et les conseils de fabrique, les conseils municipaux et le gouvernement.

On l'a dit avec une cruelle vérité : Nos vieux monuments catholiques ont été mutilés, déformés, démolis par trois ordres de profanateurs ; mutilés par les protestants pendant les guerres de la Réforme, déformés par le clergé et par ses complices les architectes, à dater de Louis XIII, démolis par les Jacobins aux jours néfastes de notre révolution. Eh bien, si l'on faisait à chacun sa part dans cette œuvre inique, la part la plus grande encore échoirait au clergé. Bien des statues ont échappé au zèle aveugle des iconoclastes ; bien des églises ont survécu à la brutalité d'Hébert, mais il n'existe pas, que nous sachions, sur tout le sol de la France, un seul monument religieux qui ne témoigne, par des signes ineffaçables, de l'ignorance absolue du clergé catholique, en tout ce qui concerne l'art chrétien. Au fanatisme égoïste des protestants, au matérialisme égoïste des révolutionnaires appartiennent les démolitions ;

mais les mutilations et les déformations reviennent de droit à
l'inintelligence des architectes du clergé (1).

Sans doute le clergé a fait un grand pas : nous ne sommes
plus au temps où il faisait descendre les vitraux coloriés des
églises pour y voir plus clair, et démolir des portions de cathédrale qui lui paraissaient inutiles ou qui gênaient sa com-
modité. Cependant il a besoin encore d'entrer plus complètement dans une voie ouverte depuis longtemps, et, nous le disons
à regret, ouverte par des hommes en-dehors de son sein.

Tout nous fait un devoir, hélas ! de commencer cette rapide
et douloureuse revue par notre vénérable basilique de St-
Étienne, où le catholique comme l'artiste ne peut pénétrer
sans se sentir navrer le cœur. Son aspect était moins affligeant après les dévastations calvinistes. Le mauvais goût
moderne, la barbarie, le laid n'ont pas laissé un seul recoin
qui ne soit marqué de leurs funestes stigmates. Les fenêtres
de l'aile droite de la nef étaient mûrées autrefois à cause du
cloître de l'abbaye qui y est attenant; mais sous les voûtes de
ce bas-côté régnait un jour mystérieux qui prêtait au recueil-
lement et s'alliait admirablement avec la majestueuse sévérité
de l'édifice. Nous ne savons quels changements ont été faits
au cloître il y a deux ou trois ans. Aussitôt on s'est empressé
de pratiquer dans le haut des fenêtres, en les mutilant outrageusement, des espèces de soupiraux en forme de gueule de
four et d'un effet lamentable. Vous ne pouvez pas dire, pour
nous servir d'une expression de saint Jérôme, qui peint merveilleusement la chose, vous ne pouvez pas dire que vous voyez
des fenêtres, mais plutôt des trous à lumière. Et quels trous !
C'est stupide, c'est barbare, c'est monstrueux. La décoration
des chapelles qui environnent le chœur offre le plus déplorable pastiche d'un paganisme réchauffé et bâtard ; un
modèle en ce genre, c'est l'autel consacré au Saint Sacre-
ment. Que dire de ces prétendus reliquaires qui ressemblent, — s'ils ressemblent à quelque chose, — aux montres
garnies de rateliers, pendues à la porte des dentistes ? Avec
quel profond regret la pensée se reporte vers ces anciennes
châsses, œuvres merveilleuses de l'orfévrerie du moyen-âge !
Les inscriptions latines que dom Matthieu de La Dangie avait
fait peindre pour indiquer le vocable des chapelles, qu'on

(1) *L'Européen*, t. II, n° 3, p. 96.

a d'ailleurs arbitrairement changé, ont été badigeonnées et remplacées par des écriteaux en papier dans des cadres jaunes. On ne sait, en vérité, si de tels objets sont plus bouffons qu'affligeants. Mais c'est la chapelle de la Vierge qu'il faut voir de ses yeux pour concevoir jusqu'à quel point est poussée la fureur des enjolivements profanes et ridicules. Elle est décorée avec de grossières enluminures et des rideaux en toile de coton rouge, exactement comme un café de village en progrès. C'est là une souveraine inconvenance, ce nous semble, que l'autorité ecclésiastique ne devrait pas tolérer. Des lithographies et du calicot dans la basilique de Guillaume-le-Conquérant, dans le temple du Dieu éternel!

Nous ne pouvons pas sortir de St-Etienne sans signaler un acte de vandalisme destructeur et même sacrilége, commis il y a deux ans lorsqu'on a doté cette église du carrelage noir et blanc qu'on y voit aujourd'hui. Tout le monde sans doute était d'accord sur la nécessité d'un nouveau pavage; mais il ne fallait pas y mettre un pavé de salle à manger; il ne fallait pas surtout enlever et détruire les anciennes pierres tombales qui se pressaient autour des ailes du chœur. « C'est-là, dirons-nous avec l'auteur d'un article plein d'une généreuse colère ; c'est-là une profanation indigne de notre époque, indigne de la ville de Caen, indigne du clergé et des architectes (1). » Nous ne pouvons pas nous empêcher non plus de dire un mot des orgues qu'on laisse dans le plus triste et le plus coupable abandon. Ces orgues, qui sont l'œuvre du fameux dom Bedos lui-même, et les premières à bombardes à la main dont on ait fait usage, doivent être placées au rang des plus belles de France (2). Que ne consacre-t-on à les préserver d'une ruine imminente l'argent qu'on emploie à ces ridicules et monstrueuses bannières qui sont un objet de juste moquerie pour les incrédules et de douloureuse affliction pour pour nous autres catholiques. Mais la réparation de ce magnifique instrument pré-

(1) V. *le Pilote* du 25 novembre 1845.—Il y a une particularité que nous croyons utile de consigner ici, parce qu'elle prouve que le sol de l'église ne s'est point exhaussé : c'est que le socle des piliers formait saillie et faisait partie de l'ancien pavé. Cette disposition dont il importait de conserver au moins la trace a été entièrement supprimée.

(2) Les deux figures colossales qu'on remarque de chaque côté du buffet de l'orgue, sont une copie des fameuses cariatides du Puget, qui soutiennent le balcon de l'hôtel de ville de Toulon. Nous devons la connaissance de cette particularité à un des hommes dont l'amitié nous honore le plus, M. Dufougray, ancien sous-préfet de cette ville.

sente, nous le savons, d'immenses difficultés et pourrait même avoir les conséquences les plus funestes si elle ne s'accomplissait pas sous une direction éclairée. Il vaudrait beaucoup mieux encore le laisser dans l'état où il est, que de le livrer à la merci de facteurs téméraires qui voudraient y introduire des changements et le refaire d'après le système moderne.

Nous avons déjà parlé de la manière dont le portail de St-Pierre a été déshonoré et du badigeonnage de l'intérieur. L'œuvre dévastatrice a été poursuivie et s'est attaquée à l'abside en dernier lieu. Nous n'aimons pas cette malheureuse architecture où l'on sent une foi et un art mourants, mais nous voudrions du moins la voir respecter. Les pendentifs ont été impitoyablement grattés, les niches garnies de misérables statues de plâtre, les fenêtres ornées de stores pour tenir lieu de vitraux. C'est déplorable et de plus ridicule. Il y aurait beaucoup à dire aussi sur ces ignobles échopes qui rongent la base du monument comme un hideux ulcère, sur cette absurde barraque qui masque le portail latéral de gauche. enfin sur cet ancien cimetière transformé en remise de voitures publiques ; mais tout peut se résumer en trois mots : ruine, barbarie, profanation.

Nous avons aussi parlé de la restauration mal dirigée du portail de St Jean ; mais nous devons entrer ici dans quelques détails. Une des mutilations, dit M. Schmit, dans son *Manuel d'Architecture religieuse*, une des mutilations les plus brutales, les plus impardonnables commises sur nos églises, qui ne se commet encore aujourd'hui que trop souvent, qu'il est important d'arrêter, c'est la suppression du pilier ou trumeau qui, dans le système de l'architecture gothique, doit occuper le milieu d'une grande porte. » Eh bien! ce pilier a été supprimé dans la reconstruction du portail. On ne s'en est point tenu là ; on a ouvert dans le tympan une grande arcade ogivale. Cette disposition n'existe dans aucun des édifices qui n'ont point souffert de mutilation; si l'on en trouve des exemples, ils sont de la nature de celui qu'offre la main de Soufflot, au portail de Notre-Dame de Paris. Ordinairement le tympan est décoré d'un bas-relief, mais il n'est jamais ainsi percé d'une arcade. Cette ogive, du reste, était destinée à violer toutes les règles de l'architecture gothique; au lieu d'être taillée de biais et ornée de cordons ou de moulures, elle offre une large surface plate, ainsi que tout le reste de la porte. précisément comme les ouvertures carrées d'une sous-préfecture moderne. Nous croyons pouvoir porter le défi de trouver un seul exemple de quelque chose de pareil dans la myriade d'édifices qu'à produits le moyen-âge. Nous ne parlerons pas des autres changements qui ont été faits au portail, ni des vices de construction qui sont tels qu'il paraît impossible de sculpter les niches qu'on a voulu y ajouter. Quand donc les architectes voudront-ils reconnaître ces principes proclamés par le Comité des monuments historiques et par une autorité plus imposante encore, celle de la raison, à savoir : que toute réparation générale ou partielle ne doit modifier en rien l'édifice qui en est l'objet ; qu'il faut, sous peine de faire preuve d'orgueil ou d'ignorance, reproduire une copie de l'objet que l'on restaure, ou pour mieux dire son calque le plus absolu. Pour être juste, peut-être n'est-ce pas à l'architecte qu'on doit imputer la suppression du pilier central ; car nous croyons qu'on avait eu d'abord l'intention de le rétablir. « Pourquoi, dit encore M. Schmit, mutile-t-on ainsi les portails des églises de France? C'est, ce qui paraîtrait incroyable, et ce qui est pourtant véridique, c'est parce qu'il plut à ces églises d'adopter, pour servir de dais processionnel, un gros, lourd et disgracieux châssis carré, rendu plus ridicule par ses gros plumails de tambour-major qui se dressent à chaque coin; c'est parce que cette étrange machine, imitée des dais qui surmontaient les lits à la polonaise, devenus à la mode après le mariage de Louis XV avec Marie Leckzinska, qu'on s'efforçait de rendre aussi énorme que pouvaient le permettre les forces de huit robustes portefaix, suant et haletant sous le fardeau, ne pouvait passer par la porte telle que l'avait faite l'architecte gothique: on prit, au rebours de toute raison et de tout sens commun, le parti de faire céder l'édifice à la convenance du meuble. »

L'intérieur de l'église porte les traces de deux siècles de dévastation, d'ignorance et de mauvais goût. La pierre a été outrageusement entaillée dans les chapelles pour appliquer des boiseries d'antichambre. Un ignoble dallage en bitume déshonore toute la nef ; car le bitume, c'est là notre progrès, à nous, quand le grand architecte catholique anglais Pugin remet en usage avec tant de bonheur les briques coloriées, qui contribuaient si magnifiquement à l'ornementation des églises du moyen-âge. On a placé, il y a quelque temps, aux fenêtres de l'abside, trois vitraux à teintes plates et diaphanes, d'un style sans nom, et qui montrent jusqu'à quel point s'est perdue l'intelligence de l'art chrétien, cet art si profondément hiératique. Dans celui du milieu, qui représente le Christ avec saint Jean et la Vierge debout au pied de la croix, tous les personnages sont privés du nimbe, attribut essentiel de la divinité du premier et de la sainteté des deux autres. Le Christ, sans le nimbe crucifère, n'est pas le Christ, c'est un homme. Ainsi, au lieu de l'auguste et saint mystère de la Rédemption s'accomplissant sur le Calvaire, vous représentez un homme et une femme auprès d'un supplicié attaché au gibet (1). Nous ne reviendrons pas sur les deux nouveaux autels que nous avons déjà appelés ailleurs une affligeante parodie du style gothique, et où l'on a trouvé moyen d'amalgamer le marbre, la fonte et le sapin. Mais il nous faut signaler encore la Résurrection qu'on voit dans la chapelle de l'abside, espèce de fantasmagorie renouvelée de la chapelle de Falconnet, à St-Roch. St-Roch est un édifice où l'on peut tout se permettre ; mais ici il y a d'abord un monument des âges de foi qu'il fallait respecter ; et puis, pour placer une œuvre sans valeur, on n'a pas commis une simple mutilation, on a violé l'éternelle règle de l'architectonique chrétienne, telle que toutes nos cathédrales, toutes nos églises nous la révèlent. En effet, quiconque possède la plus légère notion d'archéologie sacrée, sait que la chapelle de l'abside est toujours sous l'invocation de la Vierge.

Mais, de toutes les églises de Caen, c'est à coup sûr celle de Vaucelles qui offre l'aspect le plus affligeant pour l'artiste et le catholique. On ne peut voir rien de plus déplorable que les deux autels placés au fond des ailes du chœur, et dont l'un vient d'être achevé tout récemment. Il existe du côté du nord de l'église une porte en saillie du XVIe siècle, surmontée d'un fronton aigu très-délicatement travaillé. Or, c'est cette porte qu'on a cherché à imiter dans la construction du dernier autel. Si l'on réfléchit avec quel soin les architectes chrétiens ont attaché des idées mystiques à l'ensemble et aux parties principales des édifices sacrés, où il n'y a pas, pour ainsi dire, une pierre qui ne soit un symbole, on conviendra que c'était une malheureuse inspiration que d'aller choisir pour modèle d'un autel, un portail ou plutôt une espèce de gable (2). Sans doute, quand vous aurez à faire une porte ou

(1) Ajoutons que les bras de ce Christ, tendus et dressés verticalement au-dessus de la tête semblent, conformément au symbole janséniste, s'ouvrir à peine afin d'embrasser dans le sacrifice expiatoire le moins d'âmes possible. Au contraire, par un magnifique symbolisme, dans toutes les crucifixions peintes ou sculptées dans les âges chrétiens, le Christ est toujours représenté les bras étendus horizontalement, comme pour embrasser l'humanité tout entière dans sa rédemption.

(2) D'autres considérations tirées de l'ordre même matériel de l'art et que nous ne pouvons développer ici, auraient dû à elles seules

un gable, vous prendrez pour type un autel. Au reste, il va
sans dire qu'on s'est bien gardé de copier exactement : c'est là
un acte de servilité dont ne se rend pas coupable un artiste
qui a son génie à montrer. Sans parler d'altérations et de méprises de toute nature, on a ajouté de chaque côté de l'autel
un placage couronné en haut d'une balustrade à jour comme
il en règne autour du comble des églises, terminé en bas par
un panneau de lambris comme il en règne autour d'un
salon, et percé au milieu d'une ouverture ou niche ogivale,
fermée par un rideau d'étoffe rouge. Nous ne pouvons entrer
ici dans l'examen des détails. D'ailleurs la combinaison du
bois, du plâtre et de la toile peinte, pour la matière ; celle
du blanc, de l'orpin, du bleu de Prusse et du rouge pour la
couleur, forment quelque chose de vraiment indescriptible
pour notre plume que nous avons appelée ailleurs, avec une
si triste vérité, inhabile et rebelle. Nous nous bornerons à
dire, et nous le dirons avec la plus complète assurance : le
style païen ou Pompadour serait mille fois moins affligeant
que ce prétendu style gothique, qui fait sourire de pitié
les étrangers et ne peut que nous faire rougir de honte. Dans
les chapelles des confréries de la Trinité et du Sacré Cœur,
avec leurs rideaux cramoisis à frange, l'absence du caractère
religieux et le mauvais goût sont portés à leur comble (1).
» Voilà donc, nous écrierons-nous avec M. le comte de Montalembert, voilà donc jusqu'où est tombé cet art divin, enfanté
par le catholicisme et porté par lui au plus haut point de
splendeur qu'aucun art ait jamais atteint ! » D'où vient ce mal ?
Essayons de le dire. Autrefois l'action du clergé sur l'art mo-

faire exclure l'imitation d'un portail pour un autel. On sait, par exemple, qu'autrefois les moulures placées à l'extérieur d'un édifice,
présentaient toujours les formes les plus favorables pour l'écoulement
rapide des eaux ; et qu'à l'intérieur, où l'action destructive de la pluie
n'était point à redouter, les architectes chrétiens combinaient les
profils avec plus d'indépendance. Et d'ailleurs la sculpture sur pierre et
la sculpture sur bois ont un caractère distinct qui n'est que le résultat
de la différence de nature de ces matériaux, différence parfaitement
comprise par la haute raison des artistes d'alors.

(1) Il y a surtout dans la dernière, une toile barbouillée qui est vraiment au-dessous des plus grossières enseignes. On remarque aussi
dans le chœur un tableau récent auquel on ne saurait s'empêcher de
faire avec douleur l'application de ces paroles de M. de Montalembert,
« Quoi ! cette image trop fidèle d'un impur modèle, ce serait là, pour
comble de profanation, la très sainte Vierge, la mère du divin amour
et de la céleste pureté !... »

numental était vaste et puissante. Presque toujours l'évêque était lui-même l'architecte de sa cathédrale, comme Fulbert, comme Maurice de Sully et tant d'autres, qu'il serait facile de nommer en remontant jusqu'à saint Paulin de Nole. Dans les villes, dans les campagnes, les curés suivaient l'exemple de leurs évêques et presque toujours avec le même succès. Aujourd'hui, lorsqu'il y a quelques travaux à faire dans une église, la direction suprême en est laissée à un charpentier, à un maçon ou à un plâtrier. Que le clergé reprenne donc le goût et l'étude de cet art, dans lequel il se montra jadis si grand maître. Quelques séminaires déjà font de son enseignement une partie de l'enseignement clérical. Qu'il achève de s'y perfectionner, et un grand pas sera fait. Il s'associera de plus en plus au mouvement catholique de l'art, et comprendra que l'art, considéré comme une expression du catholicisme, est un des traits sensibles qui marquent la supériorité de la divine croyance sur le radicalisme matériel de la philosophie du XVIIIe siècle.

Si nous ne parlons pas de l'ancienne église Notre-Dame, aujourd'hui St-Sauveur, ce n'est point qu'il n'y ait beaucoup à dire aussi sur cette église, qui est dans un triste état de délabrement; mais du moins le vandalisme restaurateur, le plus funeste de tous, parce qu'il ne peut que provoquer une réaction, ne s'y est pas encore impatronisé. D'ailleurs si nous avions entrepris de ne rien omettre, tout notre petit livre n'y eût pas suffi.

Nous éprouvons le besoin d'ajouter ici quelques mots, car nous serions au désespoir que le clergé pût se méprendre sur nos sentiments. C'est avec une véritable douleur que nous avons été forcé de signaler les erreurs que commettent, en ce qui touche l'art religieux, plusieurs membres de ce corps vénérable et sacré. Si ces lignes tombent sous les yeux de quelques-uns d'entre eux, nous les supplions de n'y voir qu'une preuve de notre zèle et de notre foi. Si nous attachons une si grande importance à la régénération de l'art catholique, c'est que nous croyons que le moyen le plus efficace peut-être de nos jours pour rétablir le règne du Christ dans le cœur et l'esprit des peuples, c'est de le rétablir d'abord dans leur imagination. Cette croyance, nous la devons au frère Piel de Lisieux, cet artiste de grande et sainte mémoire. Il nous écrivait magnifiquement un jour, dans une lettre qui est notre gloire : « Après les prêtres du Seigneur, nous sommes les coopérateurs les plus efficaces de la grâce de Jésus-Christ. » Et naguère encore, une des voix les plus éloquentes de notre province, celle de M. le comte A. de Beaurepaire, faisait entendre ces paroles : « Efforçons-nous de maintenir l'art catholique dans sa direction sublime. Le service qu'ainsi nous lui rendrons, il saura nous en récompenser : notre fidélité à faire prévaloir son esprit, nous assurera en lui un précieux auxiliaire pour fortifier la position sociale qui convient à des représentants et des amis de la civilisation chrétienne. »

Ce devoir envers nous-même rempli, passons à notre seconde catégorie. Ici la tâche devient un peu moins pénible. Nous nous empressons de le proclamer : si l'administration municipale actuelle ne montre pas une sollicitude bien vive pour nos anciens monuments, elle n'est pas du moins animée de ce mépris et de cette haine aveugle et impie du passé, par laquelle se signalent certaines villes, telles que Laon et Orléans, dont les noms, du reste, sont désormais attachés au pilori de l'histoire (1). Les grands actes de vandalisme que Caen a vu s'accomplir depuis le commencement de ce siècle, sont le crime de l'empire et de la restauration. Nous avons déjà parlé ailleurs de la mutilation insensée de la salle des gardes du duc Guillaume, de la démolition de l'Hôtel-Dieu et de la curieuse porte d'entrée de l'abbaye Ste-Trinité. Un reste de l'antique monastère, plus précieux encore que cette porte, qui cependant était unique dans notre province, fut détruit vers la même époque. C'était un vaste bâtiment d'architecture normande qu'on appelait le *palais de la reine Mathilde.* Ce grand nom aurait dû le protéger comme une patriotique égide ; mais l'administration municipale « s'étant vue *forcée, par les plans de l'architecte,* de faire abattre cette ancienne construction, » M. Lechaudé-d'Anisy la dessina et tout fut dit. Chose étrange ! la restauration à qui son nom seul semblait imposer la mission spéciale de conserver les monuments du passé, a été tout au contraire une époque de destruction sans limites. C'est vraiment bien aussi du patriotisme qu'on peut dire de nos jours : rien n'est plus commun que le nom, rien n'est plus rare que la chose. Un acte peut-être plus anti-patriotique et plus coupable encore s'était accompli quelques années auparavant ; nous voulons dire la destruction de la cloche du beffroi de l'Hôtel-de-Ville, l'une des plus anciennes cloches communales de France, si la date de l'inscription conservée par Huet est exacte. Elle fut brisée et fondue en 1808,

(1) V. Victor Hugo, *Guerre aux démolisseurs,* et M. de Montalembert, *Du Catholicisme et du Vandalisme dans l'art.*

pour grossir la sonnerie de St-Pierre. S'il devait y avoir pour la cité une relique sainte et vénérée, c'était cette cloche, elle qui, pendant près de cinq siècles, avait mêlé sa voix à toutes les émotions populaires, aux alarmes comme aux réjouissances. On frémit d'indignation et l'on pleure de regrets et de pitié.

Le reproche le plus grave qu'on puisse adresser à l'autorité municipale, depuis la révolution de juillet, c'est d'avoir achevé de défigurer l'intérieur de l'ancienne église St-Sauveur; c'est d'avoir fait abattre, en 1830, plusieurs tours qu'il était si facile de conserver, et en dernier lieu, d'avoir laissé démolir la moitié de la tour *Guillaume-le-Roy*. Cette belle tour, unique reste important de nos anciennes fortifications, ajoutait merveilleusement à l'aspect pittoresque de St-Pierre. Chaque année une foule d'artistes venaient la visiter, et les plus célèbres, parmi lesquels il faut citer Gudin, l'ont jugée digne d'être reproduite par leur pinceau. On ne conçoit pas qu'un esprit de spéculation purement industriel n'inspire pas mieux, et qu'on ne songe jamais aux voyageurs nombreux qu'on éloigne en dépouillant le pays de tout ce qui peut éveiller la curiosité où attirer l'étude. On doit lui reprocher aussi l'abandon où elle laisse St-Nicolas, et surtout St-Etienne-le-Vieux, le meilleur type du XVe siècle que possède la ville et dont la ruine est imminente. Mais on parle de deux projets dont l'accomplissement ramènerait les plus mauvais jours du vandalisme : c'est la démolition de la chapelle Halbout, à St-Etienne, et celle de l'église St-Gilles pour achever l'alignement de la malencontreuse place Mathilde. Cette église a une importance architecturale qui semble ne pas avoir été bien appréciée par les antiquaires de la localité, et que devait faire connaître le travail si regrettable de notre grand architecte catholique L.-A. Piel. Elle se recommande encore à d'autres titres : un vieil architecte caennais, dont le nom est connu, Blaise Leprestre, y a fait beaucoup de travaux qui peuvent être l'objet de curieuses études. Ce serait une destruction néfaste et telle qu'on doit espérer de ne plus en revoir de notre temps.

La part du blâme faite, nous sommes heureux d'avoir quelques paroles d'éloges à faire entendre. Les réparations faites dans ces derniers temps aux flèches de St Etienne et à celle de St-Pierre sont assez satisfaisantes. Il est fâcheux que les travaux exécutés antérieurement à l'abbaye Ste-Trinité n'aient pas été conçus et dirigés dans le même esprit. Par exemple, dans la reconstruction partielle de la tour du midi, on n'a pas employé l'ancien appareil; il en résulte que, bien que les formes soient exactement les mêmes, tout le caractère primitif a disparu ; ce n'est plus une fenêtre romane, c'est une trappe de grange. Il faut espérer qu'on évitera cette faute dans la restauration de l'abside de St Pierre, restauration urgente et cependant qu'on redoute de voir entreprendre, tant l'œuvre est délicate. L'architecte qui en sera chargé doit s'imposer la loi de conserver le caractère général jusque dans les moindres détails, et même de remettre en place tous les anciens fragments qui pourront être employés de nouveau.

S'il nous était permis d'adresser ici une humble remontrance à notre édilité, nous nous ferions l'interprète d'un assez grand nombre de nos concitoyens. Nous la supplierions en leur nom de veiller avec plus de soin à l'entretien et à la propreté des monuments publics. On regrette qu'elle laisse salir partout les murs, même ceux des églises, par des annonces tracées à l'huile, et qu'elle souffre ou même autorise des dégradations plus fâcheuses encore. Ainsi, par exemple, la rigidité britannique s'étonne, se scandalise même, pourrions-nous dire, de ces deux réceptacles impurs qui existent de chaque côté du perron de l'Hôtel de-Ville et qui blessent autant la salubrité publique que la décence. Il serait si facile de placer quelque part auprès, deux guérites vespasiennes.

Pour terminer cette rapide esquisse qui dépasse déjà de beaucoup les bornes de notre cadre, et qui cependant est si incomplète encore, nous nous bornerons à mentionner les deux actes les plus récents de vandalisme gouvernemental commis dans notre ville. Dès qu'on met le pied sur ce terrain, on est sûr de rencontrer tout d'abord le génie militaire. Tout le monde se rappelle les quatre tours, couronnées d'épaisses touffes de lierre, qui défendaient la porte de Secours du Château et dont on admirait l'effet si pittoresque. Elles viennent d'être abaissées au ras du pont-levis et ressemblent maintenant à la margelle d'un puits de basse-cour. « Espérons, du moins, dit M. R. de Bordeaux, qui le premier a signalé cette mutilation inutile, espérons que la porte de Secours elle-même gardera sans modification tous les caractères qui en font un des plus rares spécimens des vieilles entrées de nos places fortes d'autrefois. » On est surpris et fâché de voir l'Université marcher dans cette voie funeste. Pourquoi faut-il avoir à lui adresser ces belles paroles de Pline le Jeune : *Reverere gloriam veterem et hanc ipsam senectutem quae, in homine venerabilis, in urbibus et monumentis sacra est.* Elle a fait démolir en 1844 un des derniers bâtiments de l'ancienne abbaye de St-Etienne.

Cet édifice, connu sous le nom de *Logis de l'évêque de Costres* avait été bâti par P. de Martigny, à la fin du XVe siècle, et M. de Bras parle avec admiration des belles galeries dorées qu'on y voyait de son temps. Aujourd'hui elle demande la destruction de la Salle des gardes du duc Guillaume, déjà si déplorablement mutilée. Mais nous sommes heureux de le dire, la ville s'y oppose. Qu'elle persévère noblement dans sa résistance ! Les conseillers municipaux ne doivent pas oublier qu'il leur est imposé de conserver l'honneur des localités qu'ils représentent, et que c'est déshonorer une ville que d'en effacer les souvenirs historiques et les monuments qui rappellent sa gloire.

On assure que MM. les ingénieurs des ponts et chaussées avaient arrêté, il n'y a pas bien longtemps encore, de raser la façade ou magnifique portail principal de l'église St-Pierre, pour l'alignement de la route de Caen à Courseulles. Nous ne qualifierons point de vandalisme un pareil projet, car nous ne voulons pas outrager la mémoire des Vandales.

P. S. Un de nos amis à qui nous avions communiqué le chapitre qui précède, nous l'a renvoyé avec une lettre que nous croyons devoir reproduire ici :

« Voici, cher ami, votre article sur le vandalisme. A la pu-
« reté, à l'orthodoxie même des doctrines esthétiques, j'ai
« reconnu le membre de la confrérie de St-Jean-l'Evangéliste.
« Il est écrit avec une âpreté de censure qui rappelle parfois
« les pages les plus véhémentes de M. de Montalembert. Je
« comprends cette chaleur emportée qui vient chez vous comme
« chez l'illustre défenseur de l'art catholique, d'un excès de
« zèle et d'un vif enthousiasme pour les sublimes monuments
« élevés par la foi de nos pères. Mais, très cher, vous n'êtes
« pas pair de France et vous écrivez à Caen où l'on est peu
« accoutumé à cette ardeur de polémique. Permettez-moi
« d'ajouter que vous vous montrez peut-être généralement
« trop exigeant envers le clergé. Vous savez qu'après la
« tempête révolutionnaire, il dut aller d'abord au plus pressé
« et s'occuper bien plus du salut des âmes futures que des mo-
« numents passés. Vous savez aussi avec quel zèle admi-
« rable il s'est acquitté et s'acquitte encore chaque jour, dans
« notre diocèse, de tous les devoirs de son ministère sacré.
« Il ne pouvait pas, vu le malheur des temps, se livrer à des
« études archéologiques, nécessaires sans doute, puisque la
« plupart des évêques les font entrer aujourd'hui dans le cer-
« cle de l'enseignement clérical. Il y a donc une sorte d'in-
« justice à reprocher si amèrement à de pauvres curés de cam-
« pagne, quelques méprises en ce qui regarde l'art religieux.

« Ces méprises, je ne les déplore pas moins que vous, parce
« que, comme vous, je crois à la régénération du catholicisme
« par la régénération de l'art catholique ; mais vraiment elles
« me paraissent bien excusables quand on voit la première
« des sociétés archéologiques, par ordre de célébrité comme
« par ordre de date (c'est nommer la Société des Antiquaires
« de Normandie), commettre des énormités en fait de blason,
« telles que celles qu'on remarque dans le sceau qu'elle vient
« de faire graver. D'un côté est représenté, à peu près comme
« sur le sceau de ses chartes, Guillaume-le-Conquérant qu'elle a
« pris pour patron ; jusque-là tout est très bien, sauf peut-
« être les lettres de la légende qui ressemblent beaucoup plus
« aux caractères des inscriptions de Mycène ou d'Argos, qu'à
« ceux du XIe siècle. Mais de l'autre côté, on voit les armoi-
« ries de Normandie, lesquelles consistent en un écu en ac-
« colade, avec hachures, surmonté d'une couronne à tout le
« moins entachée d'anachronisme ; autour, on lit ces mots en ca-
« pitales romaines : Société des Antiquaires de Normandie, et
« au-dessous la devise *dex aie*, en lettres pseudo-gothiques.
« Or, sans parler de ce mélange assez hétérogène, quiconque
« possède les premières notions du blason sait que ce furent
« Christophe Butskens, au XVIe siècle, et Vulson de la Colom-
« bière, au XVIIe, qui inventèrent et perfectionnèrent le sys-
« tème des hachures en sens divers, pour tenir lieu dans la
« gravure ou la sculpture des armoiries des couleurs ou des
« métaux qu'on y emploie pour les peindre. Quant à l'écu en
« accolade, si lourd de forme, personne n'ignore non plus
« qu'il n'a commencé à être en usage que sous le règne de
« Louis XIV. Après cela, je vous le demande, croyez-vous que
« si la Société des Antiquaires, même en corps, avait à resti-
« tuer quelque monument héraldique ou autre peut-être, elle
« s'en tirât beaucoup mieux que les curés, dont, après tout,
« ce n'est point la mission première, ne font des restau-
« rations de leurs églises ? Si je ne m'adressais pas à un
« membre de l'illustre compagnie, je vous citerais une sin-
« gulière observation que j'ai entendu faire à propos de ce
« sceau si étrangement hybride : vous avez donné une preuve
« de votre haute réserve, en ne signalant point comme vous
« l'auriez pu, un fait qui me semble avoir sa place marquée
« dans l'histoire du vandalisme décorateur au XIXe siècle (1).

(1) Je conviens que j'aurais pu et peut-être *dû* signaler le fait dont il
s'agit. Si j'ai gardé le silence, ce n'est point parce que je suis mem-

« D'ailleurs je n'ai pas le temps de vous en écrire davan-
« tage. Les occupations de ma vie m'empêchent de me sentir
« vivre. Il me faudrait autant de têtes que Briarée avait
« de bras ; mais j'ai cent cœurs pour vous aimer. »

X.

PROMENADES PUBLIQUES.

Les promenades publiques de Caen l'emportent sur la plupart de celles des autres villes du royaume, soit par leur étendue, soit par l'agrément des paysages qui les environnent.

Le Cours qui suit depuis le pont d'Amour jusqu'à l'Orne, une
ligne parallèle au canal du duc Robert, fut planté en 1676 ; celui
qui remonte le cours de l'Orne jusqu'à Montaigu est de l'année
1691. Les grands ormes dont il est orné du côté de la rivière
sont probablement de la même époque. Ceux de la droite ont
été remplacés de nos jours par un double rang de platanes
dont l'écorce légère et sans cesse renaissante, la tige élancée
et les larges feuilles d'un vert brillant , forment un heureux
contraste avec ces ormes séculaires au feuillage épais et sombre, au tronc noir et raboteux. Le même goût a présidé aux
nouvelles plantations du Petit-Cours.

De ces promenades, la vue s'étend avec délices sur de vastes
prairies bordées à l'horizon par des massifs de verdure ou des
rideaux de peupliers, à travers lesquels apparaissent les clochers des hameaux voisins et quelques maisons de campagne,
isolées au milieu du paysage, ou groupées sur les côteaux qui
terminent au loin la vallée.

Presque tous les ans ces prairies , émaillées de fleurs au
printemps et riches d'une si belle verdure pendant l'été et
l'automne , sont totalement inondées vers la fin de l'hiver , à
l'époque de la fonte des neiges (1). Les vents du sud-ouest ,

bre de la Société des Antiquaires. Je me tiens fort honoré de ce titre ,
sans doute ; mais je le déposerais ici même s'il devait m'enchainer le
moins du monde dans l'expression de ce que je crois la vérité. C'est parce
que j'ignorais ce fait, et puis il m'eût fallu mettre le pied sur un terrain
que, par un scrupule peut-être poussé trop loin en cette matière , je
m'étais complétement interdit d'avance.

(1) C'est ce qu'on appelle la *Crétine*. Les eaux s'élèvent quelquefois
à une si grande hauteur, qu'elles passent par-dessus les Cours. Tous
les vieux ormes du côté de Montaigu , laissent encore apercevoir l'en-
taille que les glaces firent dans leur écorce pendant l'hiver de 1794.

qui soufflent alors avec violence , leur donnent l'aspect d'une mer agitée , et il n'est pas rare que des barques légères , confiées par des jeunes gens à cet océan sans écueils, n'ajoutent quelque riant épisode aux charmes de ce tableau.

L'Orne donne à la promenade du Grand-Cours un attrait particulier. Soit qu'on la remonte , soit qu'on la descende , soit qu'on se repose sous ces ombrages , il est impossible qu'on n'oublie pas les heures à la vue de ces ondes qui s'échappant en cascade de la chaussée de Montaigu, s'étendent ensuite en nappe transparente et vont disparaître sous les arches de granit du pont de Vaucelles. Le côteau qui s'élève en amphithéâtre avec ses maisons et ses jardins pittoresques ; Montaigu avec son moulin, sa fabrique et ses saules pleureurs; les prairies avec leurs troupeaux ; ces casernes où retentit le bruit des armes ; le pont sans cesse traversé par une population empressée, et au-delà ces nombreux navires déployant dans les airs leurs pavillons étrangers au milieu desquels brille le pavillon national : cet ensemble de scènes touchantes, nobles et variées se prête merveilleusement à toutes les illusions de la poésie et de la peinture.

La promenade du Petit-Cours est liée avec la place Fontette par une suite de plantations plus récentes, qui laissent à droite le Boulevard avec sa ceinture de maronniers d'Inde, la place et les jardins de la Préfecture.

Nous avons parlé ailleurs des allées de tilleuls qui se dirigent de la place St-Martin vers la rue de Geôle. On en trouve plusieurs autres dans le faubourg St-Gilles. Les plantations faites il y a quelques années sur l'ancien quai Vendeuvre ont aussi puissamment contribué à l'embellissement de ce quartier. L'établissement du Dock a nécessité le sacrifice de plusieurs rangs de jeunes et beaux tilleuls qui bordaient la rive gauche du canal. Ils ont été heureusement transplantés, en 1844, près des Abattoirs.

Mais des promenades qui rivalisent avec les deux premiers Cours sont celles qui ont été plantées au commencement de ce siècle sur les deux rives du nouveau canal de l'Orne , et qui s'étendent jusqu'au bac de Mondeville. On les désigne sous le nom de *Cours-Montalivet* et de *Cours-Cafarelli*, en mémoire du ministre de l'Intérieur d'alors et du préfet qui administrait le Département. Quatre rangées d'ormes règnent sur toute leur étendue, d'où l'œil embrasse avec ravissement les côteaux boisés de Mondeville, de Colombelles, d'Hérouville-St-Clair , et ces vastes prairies plantées de saules , dont le feuillage argenté se réflète dans les ondes captives de l'ancienne rivière qui serpente encore dans ces bocages, quoiqu'elle soit depuis plus de cinquante ans privée de source et d'embouchure.

A l'époque où Charles de Bourgueville, que nous avons tant de fois cité sous le nom de M. de Bras, publia son livre qui, quoique entièrement dépourvu de méthode et de critique, n'en est pas moins un ouvrage précieux pour les antiquaires, il n'existait guère à Caen d'autres promenades que celles qu'on avait ménagées dans le quartier occupé depuis par la Foire et par la place Royale. Nous avons déjà parlé du *Pré des Esbats* et des divertissements qu'y prenait la jeunesse. Pendant la belle saison, les habitants s'y rassemblaient souvent au nombre de trois ou quatre mille, soit pour assister à ces jeux, soit pour prendre le frais sous les ombrages de *la Cercle*. Au ramage du rossignol qui chantait dans les arbres dont elle était ornée, des musiciens placés dans des barques qui parcouraient la rivière, mêlaient par intervalle les sons des flûtes, des mandores et des tambourins. Des pièces d'artifice et des fusées volantes, lancées des gondoles, vers l'approche de la nuit, mettaient ordinairement fin à ces amusements. Il faut lire dans le vieil historien ces détails remplis de charme et de naïveté que nous tenterions en vain de reproduire (1).

XI.

INDUSTRIE ET COMMERCE.

Chez un peuple entièrement adonné aux armes et presque toujours occupé de guerres intestines, les progrès des arts et le développement de l'industrie ne durent pas être rapides. Le commerce maritime auquel il se livra dès les premiers temps de l'invasion, n'était qu'une véritable piraterie. Tout était encore à créer sous Guillaume; mais doué d'une volonté forte et d'une grande persévérance dans ses projets, Guillaume était capable de tout entreprendre et de tout exécuter. Le concile qu'il assembla à Caen en 1061, sanctionna des institutions favorables au commerce et à l'agriculture. L'expédition d'Angleterre qui eut lieu cinq ans après exigea d'immenses ressources qu'on ne put trouver que dans un état florissant. La conquête

---

(1) Nous donnons dans les *Curiosités* ce morceau remarquable par la grâce naïve du style et souvent empreint d'une véritable poésie.

ouvrit nécessairement aux entreprises mercantiles de vastes débouchés. Deux nouvelles foires furent établies à Caen vers cette époque : celle de St-Laurent, remise dans la suite au jour St-Michel, et celle de la Trinité. On voit dans les chartes du Conquérant que le marché de cette ville était déjà fréquenté par les étrangers. La Tour de Londres et plusieurs autres édifices de ce temps qui subsistent encore aujourd'hui, furent bâtis avec des pierres extraites de nos carrières. On peut juger de la réputation dont jouissaient la ville et le port de Caen, par les éloges qu'en faisaient au commencement du XIIe siècle, le moine Raoul Tortaire, et au commencement du XIIIe, le poëte Guillaume-le-Breton (1).

La résidence des Ducs dans nos murs exerça une heureuse influence sur les progrès des arts et de l'industrie, en favorisant le luxe et en multipliant les consommations de tout genre. Il en fut de même des grands établissements de justice et de finance.

Caen devint l'entrepôt du commerce des blés et des vins. Des haras furent établis dans les environs pour perpétuer les belles races de chevaux. La pêche du hareng présentait, indépendamment de ses produits qui étaient alors très-considérables, l'avantage de former des marins et d'entretenir en pleine activité les salines qu'on avait établies à Varaville, à Dives, à Touques et dans plusieurs autres paroisses. D'habiles ouvriers travaillaient le fer ; Caen était réputé pour ses fabriques d'armes, comme il l'a été depuis pour sa coutellerie. Plusieurs quartiers de cette ville conservent encore aujourd'hui des restes de l'industrie qui s'y exerçait autrefois. La rue Froide a encore ses imprimeurs, la rue Écuyère ses teinturiers, et le Bourg-l'Abbé ses tanneurs, établis sur les bords de l'Odon. Les habitants de St-Gilles sont toujours adonnés à la culture des fleurs, comme au temps où leurs ancêtres stipulaient dans leurs contrats des redevances en *glanes de lavende* et en *chapels de roses.*

Dès le XIe siècle on fabriquait dans le Vaugueux des tissus de laine. L'art de teindre les étoffes, qui est aujourd'hui si négligé parmi nous, formait alors une branche importante de notre industrie nationale. La culture de la vouède était si répandue, qu'on trouve dans plusieurs communes des environs, des champs qui portent encore le nom des moulins où elle était préparée.

(1) Le premier, dans son Voyage de Caen à Bayeux, le second, dans sa Philippide.

La ville de Caen était si florissante au commencement du XIIIᵉ siècle, que le dernier de nos ducs, le roi Jean-sans-Terre, oublia dans les délices de son séjour les soins pressants de la défense de la cité, que Philippe-Auguste lui enleva en 1204, au milieu des fêtes que lui donnaient les habitants.

La réunion de la Normandie à la couronne de France ne fut pas d'abord favorable au commerce de Caen. Le parti du vainqueur fit violemment sentir sa domination à celui qui tenait encore à l'Angleterre, et pilla ses magasins ; on usa de représailles de l'autre côté de la Manche. L'éloignement de la cour et la perte de quelques institutions, telles que celle de l'Echiquier, eurent d'ailleurs pour l'industrie des conséquences fâcheuses qui augmentèrent encore par les entraves que la politique de Philippe-Auguste crut devoir apporter à notre commerce maritime, en faveur des habitants de Rouen dont il achetait la servitude par des priviléges.

Le commerce reprit de l'activité sous Louis VIII et sous saint Louis. Nos draperies, favorisées par le gouvernement, jouirent d'une grande réputation ; nos navires trafiquaient dans les mers du Nord, et nos marchands fréquentaient les foires de la Flandre, du Brabant et de l'Angleterre.

La prise de Caen par Edouard III, en 1346, porta un coup terrible à nos établissements industriels. Les détails du pillage, conservés par Froissart et quelques autres historiens, donnent une haute idée de la prospérité à laquelle ces établissements étaient parvenus.

Il faut penser, avec M. de Bras, qu'après de *tels saccagements, meurtres et combustions, la ville demeura pour un long temps fort désolée.* Son premier soin fut de s'entourer de nouvelles fortifications, pour se mettre à l'abri de l'invasion des partis anglais qui tenaient la campagne. Elle s'occupa ensuite à relever ses manufactures, et s'en occupa avec fruit, puisque les actes du XIVᵉ siècle font mention de ses fabriques de draps, de serges, de toiles, de bourses (1), de cuirs, et des halles où l'on en vendait les produits. On trouve dans d'autres titres de cette époque la preuve d'un commencement de commerce d'importation et d'exportation avec les Basques, les Espagnols, les Florentins et les Génois.

Malheureusement l'année 1417 vint arrêter ces progrès. La

(1) Ces bourses, alors très recherchées, s'appelaient *Tasques,* d'où est venu le nom de la *Tasquière,* donné anciennement à une des rues du Vaugueux.

confiscation des propriétés, l'exil volontaire ou forcé d'un grand nombre de fabricants et d'ouvriers porta à notre industrie le coup le plus funeste qu'elle eût encore reçu. La Bretagne hérita du secret de leur art, et Henry V n'établit sa domination que sur les ruines de nos manufactures. Trente-trois ans d'une possession plus ou moins paisible ne suffirent pas pour les relever.

Sous Charles VII, les propriétaires dépossédés rentrèrent dans leurs biens, et ne tardèrent pas à se livrer de nouveau aux spéculations mercantiles. C'est à cette époque qu'il faut placer le projet de rendre l'Orne navigable dans sa partie supérieure (1). On commença par en élargir le lit sous les côteaux d'Allemagne ; mais les troubles suscités par la guerre du *Bien Public* suspendirent les travaux.

Le bien avisé roi Louis XI, comme l'appelle M. de Bras, voulant récompenser la ville de Caen de la conduite qu'elle tint pendant cette guerre, y établit deux foires générales, par lettres-patentes du mois de novembre 1470. Elles duraient 15 jours chacune. La première commençait après la Pentecôte, la seconde après la Notre-Dame de septembre.

Ces foires franches qui rivalisèrent bientôt avec celles de Lyon, de Bruges et d'Anvers, firent de notre ville un des premiers marchés de l'Europe. Malheureusement, elles furent transférées à Rouen dès l'année 1477, soit par suite des intrigues de l'abbesse de Caen, qui se plaignait du tort que la première de ces foires faisait à celle de la Trinité, dont elle avait les revenus ; soit plutôt, comme le dit notre vieil historien, par suite des remontrances adressées à ce *bon roi*, par les habitants de la métropole. La translation de ces foires fut d'autant plus fâcheuse qu'on ne rétablit pas celle *du Pré*, qui avait été supprimée à leur occasion. Celle-ci commençait le 9 octobre et durait 8 jours. Elle était fort ancienne, puisque dès l'année 1024, Richard II en donna la dîme à l'abbaye de St-Wandrille.

Sous François Ier, le commerce de Caen s'étendit jusqu'en Afrique, et même jusque dans le Nouveau-Monde, grâce au génie d'Etienne Duval, seigneur de Mondrainville. Il tirait annuellement de la Barbarie des quantités considérables de blé qui lui procurèrent d'immenses bénéfices et en même temps l'occasion d'être utile à ses concitoyens ; car il le leur vendait toujours au-dessous du prix courant.

La présence des protestants en armes dans notre province,

(3) Voyez l'*Annuaire du Calvados* de 1830, page 85 et suivantes.

et les désordres de toute espèce qui en furent la suite, n'eurent pas heureusement sur l'industrie de la ville des conséquences très-fâcheuses. Il faut en savoir gré au bon esprit des habitants qui ne voulurent pas prendre parti dans ces querelles religieuses.

A cette époque elle comptait plus de huit mille ouvriers employés dans ses fabriques de lingettes et de toiles. Ces dernières, déjà très-réputées, acquirent une grande perfection. « Il n'y a ville en Europe, dit M. de Bras, où il se « fasse de plus beau et singulier linge de table que l'on « appelle *haute lice*, sur lequel les artisans telliers repré- « sentent toutes sortes de fleurs, bestes, oyseaux, arbres, mé- « dalles et armoiries de rois, princes et seigneurs, voire aussi « naïfvement et proprement que le plus estimé peintre pourroit « rapporter avecques son pinceau. »

Le même écrivain nous fait connaître que de son temps le marché du lundi pouvait être considéré comme une foire par l'affluence des marchands qui s'y transportaient, non-seulement des autres villes de la province, mais même de la Bretagne.

Peu de temps après, le tort que la suppression des foires de Louis XI avait fait à notre commerce, fut réparé en partie par Henri IV qui, par lettres-patentes, du mois de mai 1594, créa la *foire franche* qui dure 15 jours (1). On l'établit dans l'emplacement qu'elle occupe encore aujourd'hui, en achetant des Jacobins le champ de *la Cercle*. Les loges ne furent bâties qu'au commencement du siècle suivant.

Cette prospérité, encouragée quelque temps par Colbert, dura jusqu'à la révocation de l'édit de Nantes. Près d'un tiers de la population de la ville se composait alors de protestants, adonnés pour la plupart au commerce. On sait avec quelle rigueur on poursuivit l'exécution de ces édits si impolitiques. Les réformés portèrent à l'étranger leurs richesses et leur industrie. Avec eux s'éloigna le goût des entreprises commerciales qui avait résisté aux catastrophes précédentes. Caen cessa d'être considéré comme ville manufacturière. Ses fabriques, moins celles des toiles, perdirent en partie leur ré-

---

(1) Elle avait été fixée d'abord au 1er juillet; et, après avoir été successivement reportée à la première semaine du Carême, au premier et au second lundi après le dimanche de *Quasimodo*, elle ouvre maintenant le second dimanche après Pâques. Le déballage a lieu le jeudi qui précède.

putation avec leur importance ; et lorsqu'au XVIIIe siècle, les progrès des sciences commencèrent à s'appliquer avec tant de succès aux établissements industriels, notre commerce stationnaire fit à peine quelques malheureux essais pour en profiter. Les filatures qui s'y établirent ont été successivement fermées, à l'exception de celle de Montaigu. Il en a été de même d'une manufacture de porcelaine, ouverte il y a une quarantaine d'années, sous des auspices qui paraissaient favorables. La fabrique de toiles est tombée ; les produits qu'on retire de la plupart des autres n'ont pas à beaucoup près l'importance qu'ils pourraient avoir. Il faut toutefois en excepter la bonneterie et surtout nos manufactures de dentelles qui forment aujourd'hui une branche de commerce fort étendue.

Il convient encore de compter parmi nos établissements industriels qui sont en pleine activité, ceux qui ont pour objet l'épuration des huiles et la fabrique de peignes.

Il se fait dans le port un commerce d'importations et d'exportations dont la balance est malheureusement tout en faveur des premières, qui consistent particulièrement en productions des colonies, vins de Bordeaux et du Midi, huile d'olive, savons, bois du Nord, houille, chanvres, suif de Russie, fers de Suède et d'Angleterre.

Les huiles de colza, les céréales, les graines de trèfle, les cidres, les eaux-de-vie, le granit et la pierre à bâtir sont l'objet de nos principales exportations.

Les travaux que l'on exécute au port de Caen, le canal latéral au cours de la rivière, que l'on creuse en ce moment, doivent avoir une haute influence sur notre commerce maritime, et rétablir en notre faveur la balance entre nos importations et nos exportations ; mais cet heureux et désirable résultat, ne sera obtenu que par une ligne de chemin de fer qui remplacera pour nous, les anciens projets de canalisation de l'Orne supérieure et nous fera pénétrer dans les départements méditerrannés, dont notre port deviendrait un des débouchés et un entrepôt d'approvisionnement.

Indépendamment des foires dont nous avons parlé, il s'en tient plusieurs autres parmi lesquelles il faut citer celles du premier lundi de carême et de la mi-carême, où il se fait des ventes considérables de chevaux.

Nous avons vu que la ville de Caen était le siége d'un tribunal de Commerce. Plusieurs autres institutions y ont été fondées en faveur de l'industrie : la chambre de Commerce,

3 *

par ordonnance royale du 23 mai 1821, un Conseil de pru-
d'hommes, par celle du 21 août 1822, et la Bourse à une é-
poque bien antérieure.

XII.

CURIOSITÉS ET ANECDOTES DE L'HISTOIRE DE CAEN.

Etymologie.

Autres ont appellé ce chasteau et ville par l'anagramme ou
nom retourné de Caen, où se treuve ce terme *Cena* ; mais aucuns ethimologisent sur ce nom latin de *Cadomus, quasi casta
domus*, maison chaste, pour la continence que gardoyent les
citoyens hommes et femmes en pudicité, et je désire que ceste
éthimologie là luy fust demeurée comme véritable. (DE BRAS,
Antiquitez de Caen, p. 4.)

La Ville Romaine.

Pendant l'impression de ce petit volume, nous avons fait,
en parcourant les registres de la ville, une découverte qui n'a
sans doute pas toute l'importance que nous aurions pu croire
d'abord : c'est qu'il y avait autrefois à Caen un quartier appelé *la ville Romaine*. Chose étrange ! aucun de nos historiens,
du moins nous le croyons, n'en a parlé. Quelle preuve cependant pour fortifier l'étymologie de *Cai Domus* ! Mais d'où
vient ce nom ? Est-ce tout simplement, comme on a voulu
nous le suggérer, de *la Romaine* ou poids royal qui était située dans le quartier dont il s'agit ? Cela paraît peu probable,
car on eût dit le quai de la Romaine. Quoiqu'il en soit, cette
particularité nous a paru curieuse à signaler. Le passage qui
nous l'a fait connaître se trouve dans une délibération du 26
mai 1688 (1), relative à l'adjudication de plusieurs ouvrages
en maçonnerie et charpenterie ; le voici : « Pour réparer les
« murs de ladite ville au droit de l'église St-Pierre alant vers
« la tour au Londois et auquel il y a trois breches en dif-
« férends endroits, le quay de la *Ville Romaine* estant tout
« ruiné, et la plus part des matéreaux renversés dans la ri-
« vière empeschent les bastiments arrivants de la mer d'en
« approcher pour charger et décharger. »

(1) Registre LXXV, fol 58, verso.

Fief Pend-Larron.

Il y avait sur la paroisse St-Ouen un fief appelé, le fief *Pend-Larron*. Le possesseur était tenu de fournir un bourreau à la justice de Caen toutes les fois qu'elle en avait besoin. On ne trouve pas dans le cartulaire de St-Etienne comment les moines de cette abbaye étaient devenus propriétaires d'un pareil fief ; mais vers 1324 il y eut une contestation entre le procureur au bailliage de Caen et les moines de St-Etienne qui ne voulaient plus remplir ce service féodal. L'affaire fut portée à l'Echiquier ; le procès dura plus de trente ans, et enfin en 1366, le roi, par ses lettres du 9 avril, déchargea les moines de l'obligation de fournir un bourreau ou d'en faire personnellement le service. moyennant une rente de 8 livres, payable au domaine de la vicomté de Caen.

Les plaisirs et passetemps qu'on faisoit en la saison du printemps.

Ceste ville de Caen, au jugement de chascun qui la voit et contemple, est l'une des plus belles, spacieuse, plaisante et délectable que l'on puisse regarder, soit en situation, structure de murailles, de temples, tours, piramides, bastimens, hauts pavillons et edifices, grandes et larges rues au nombre de quarante, sans celles des fauxbourgs, accompaignée et embrassée, tant d'amont que d'aval, de deux amples et plaisantes prairies de largeur viron demy lieue, et de longueur à perte de veuë, encloses d'assez grosses et hautes colines ou costeaux, au pied desquels flue et reflue ceste grosse riviere d'Oulne (comme Ptolomée l'appelle) et de présent vulgairement nommée Orne, qui la ceint et orne selon le flot et reflot de la mer, qui l'enfle deux fois le jour, et qui faict l'un de ses trois cours depuis la chaussée Ferrée au-dessous des moulins de Montagu, tout autour de l'un des costez de la ville vers le midy : circuit la Cercle qui est une plaisante isle et lieu de recreation appartenante aux frères Jacobins : puis flue par dessoubs le pont saint Jaques, le long de deux moyennes prairies qui séparent la ville de ce costé là, fort plaisantes, encloses d'un costé de la grosse riviere d'Ourne, et de l'autre de la riviere de Oudon. Ausquelles les habitans et jeunesse se pourmenent, prennent plaisir à la saison du Printemps et de l'Esté, mesmes les escoliers de l'Université, les uns à sauter, luiter, courir, jouer aux barres, nager en la rivière qui les enclost, tirer de l'arc et prendre toutes honnestes recreations, comme aussi font les damoiselles, dames et bourgeoises à y estendre et secher leur beau linge, duquel les dites prairies sont aucunesfois si couvertes qu'elles semblent plutost blanches que vertes. Et au jour des festes après le souper s'y assemblent les grandes compagnies, tant de seigneurs, officiers, dames, damoiselles, bourgeoises, en nombre de trois à quatre mille personnes qui s'y pourmenent par troupes, pour y avoir leur plaisir et recreation et veoir les passe temps qui s'y font : mesmes sur les ponts entre lesquels il y a une spacieuse chaussée haute eslevée comme un pont au mitan des deux prairies, de longueur de trois cens cinquantes marches, et de largeur de trente par l'un des bouts du costé du pont, et de l'autre de cinquante, pavée par l'un des costez, et de l'autre un long et large pourmenoir pour faire piquer, voltiger et dresser les chevaux, au contentement et plaisir des plus grands et apparens officiers et citoyens. Et de dessus ceste quelle chaussée et pont mesmes desdites prairies, l'on void et apperçoit les beaux et sumptueux édifices, tours, piramides, chasteau et maisons des deux costez de ville, de sorte que l'on peut discerner voire nommer les maisons, hauts et eslevez pavillons, et à qui elles appartiennent.

Mais encores le plus grand plaisir qui se treuve en telles assemblées, c'est qu'en ce beau Printemps vernal l'on y oit le chant et ramage mélodieux des rossignols qui fleuretissent, fredonnent et dégoissent dedans ceste Cercle et jardins prochains, rapportans par leur chant la memoire de l'histoire de Philomele, qui fut muée en rossignol après que Progné sa sœur et elle se furent vengées de l'injure à elles faictes par le roy Thereus, qui avoit forcé l'une et trahi l'autre, et lesquelles pour s'en venger avoyent occis (tué) son seul fils et lui en [avoyent] faict manger, dont ils chantent encores *occis, occis.* Lesquels rossignols se animent davantage sur les arbres de ceste Cercle en l'armonie des cornets, fleustes, violons, luts, quiternes, mandores, chants de musique et tabourins qu'ils y oyent par intervalle sur la rivière dedans aucunes petites barques et gondoles qui y flottent pour le plaisir des jeunes hommes qui jettent des fusées en l'air ainsi que la nuit approche, et des feux artificiels pour donner recreation plus grande à ceste multitude de seigneurs, officiers, dames, damoiselles, et du peuple qui se pourmenent en ces prairies, chaussées et ponts. Et j'ose dire et asseurer que les plus excellens peintres , encores qu'en leurs traits ils imitassent Zeuzis et Appelles , ne pourroyent rapporter en tableaux de plus plaisants et agréables paisages (quelques faints qu'ils les peussent pourtraire) que le naturel qui se voit et apperçoit , tant par ces prairies que de dessus ceste ample et longue chaussée et pont saint Jaques : car aussi il se faut bien persuader et croire que aux festes de ce beau Printemps et saison d'Esté , les dames , damoyselles , bourgeoises et jeunes hommes n'oublient rien de ce qui est propre pour bien se parer et monstrer. (DE BRAS, *Antiquitez de Caen*, p. 5.)

Autres anciens Passe-Temps.

De ce temps là la jeunesse s'exerçoit à plusieurs passe temps aux mois d'avril, mai et juin, les uns à tirer de l'arc, de l'arbaleste, aux papegaux et à la butte, en dances, mommeries de jour que l'on appelle de present mascarades. Une fois je vis dancer les petits chevaux qui estoyent de tuilles peintes, et sembloit que ceux qui dançoyent fussent dessus, et avoyent des mouvements par bonne industrie.

Autres fois les *divers cas*, qui estoient dix [personnages] accoustrez de verd , [avec] testieres , pattes et queuës de chats : des faucheurs qui vouloyent couper de leurs faux les fauses langues, qu'ils faisoyent conduire peintes et pourtraites devant eux, ce qu'ils ne pouvoyent faire, et en dançant faisoyent une pause , disans et chantans : « Fausses langues nous faucherons , » et s'efforçoyent les faucher et encores disoyent : « Par le corbieu, nous ne pourrons, les racines en sont trop fortes. »

Puis à quelques autres années , je y vis representer les Triomphes de César avec une morisque devant luy , dont les accoustremens estoyent bleuz , semez de paillettes d'estain , et y avoit plus de cent personnes masquées, ce qui donnoit grand contentement à la vue, qu'on appelloit lors faux visages , portans chacun quelque triomphe.

Je y vis une autre fois courir les personnes qui faisoient de folles entreprises, et portoyent de petites enseignes où elles estoyent peintes, avecques des escripteaux : l'un vouloit manger les charrettes ferrées , un autre toucher la lune avec le doigt , un qui regardoit le soleil sans ciller l'œil , l'autre qui vouloit rompre l'anguille avecques le genouil, un qui taschoit à estouper les quatre vents ; autre qui vouloit monter au ciel tout chaussé et tout vestu, un autre porter une meulle de moulin , autre qui entreprenoit faire taire les femmes qui lavent la buée (lessive), et un grand nombre de telles entreprises. Vray que les accoustremens de ceux qui representoyent ces passe temps n'estoyent de velours, satin ny soyes, mais de toilles paintes avec de faux or et de faux argent, et les façons de leurs accoustrements estoyent versifiez selon les personnages : aussi l'on ne faisoit point decreter leurs terres pour leurs debtes, et donnoyent autant de plaisir que font ceux qui sont plus bravement en point. (*Antiquitez de Caen*, p. 81.)

Bourses de Caen.

Et quant aux bourses de Caen, il ne s'en fait en autres villes des plus mignardes, propres et richement estoffées de velours de toutes couleurs, de fil d'or et d'argent pour seigneurs et gens de justice, dames et damoiselles : dont il se dit en proverbe commun par excellence *Bourses de Caen*. (*Id.* p. 26.)

Situation de Caen en 1563.

Par une délibération en date du 6 janvier 1563, le Conseil de la ville de Caen résolut d'envoyer le procureur syndic de la ville vers le roi et la reine-mère « pour faire entendre l'entière obbayssance que les bourgeois, manants et habitants de ladite ville désiroient porter à la majesté du Roy contre les calompnyes dont on avoit voullu charger ladite ville, mesmes pour suyvir et obtenyr lettres et patents du Roy pour les affaires de ladite ville. » Prévoyant les questions qui pourroient être adressées au procureur syndic sur la situation de la ville, le Conseil rédigea les réponses qu'il auroit à y faire. Cette pièce, conservée dans les registres des délibérations (1), est curieuse pour l'histoire de Caen en ces temps de troubles civils et religieux ; cependant elle pourrait l'être encore davantage, si les réponses avaient un peu moins le caractère de ce qu'on appelle une *réponse de Normand*.

Poincts (?) *et interrogatoires que pourra faire la Royne au procureur sindic de la ville de Caen, au voyage ordonné estre par Luy faict à la court pour les affaires de ladicte ville, suyvant la desliberation du sixiesme jour de janvier, moys et an present.*

(1) Registre n° II, fol. 58, v°.

P.

Sy en ladicte ville il y a aucuns troubles ni seditions , et sy lesdicts habitanz se contiennent en l'observation des édits du Roy.

R.

Lesdicts habitants viuent en l'obbayssance du Roy, en patience, sans troubles ne sedition : dont monsieur du Renouard peult porter tesmoignaige.

P.

Sy la justice est pas administree et sy l'on faict pas la justice des rebelles, pillars et rauageurs.

R.

La justice s'exerce comme elle a esté faicte par cy devant.

P.

Sy en icelle ville il se faict presches ordinaires sellon la Relligion refformée, et s'ilz sont priuees ou publicques.

R.

Depuys les deffenses il ne s'est faict presche publicque. S'il en a esté faict en maisons priuees, il ne s'en est ensuiuy trouble ne sedition.

P.

Sy ausdicts presches sont administrez les sacremenz et la cene y est administree.

R.

L'on a ventillé qu'il s'est faict une cene en quelque maison priuee ; mais quoy qu'il en soyt, ne s'en est meu trouble.

P.

S'il y a ministres ou autres personnes estrangeres en ladite ville, et quel nombre et d'où ils sont.

R.

Les ministres de la ville y sont soufferts suyuant le patent du Roy.

P.

Si la messe se dict en ceste ville et les temples sont ouuerts pour l'obseruance de la Relligion Romaine.

R.

L'on n'en empesche personne.

P.

S'il y a grant nombre de soldats et gents de guerre en ladicte ville, et s'il se faict amas de compaignies aux enuirons de ladicte ville, et par quelles personnes.

R.

Il n'y a soldats en ladite ville ny gents de guerre, synon ceulx qui font compaignies à monsieur du Renouard, et n'a on congnoissance qu'il se faice leuer des compaignies es enuirons.

P.

S'il se faict destroussements, meurdres et pilleries aux enuirons de ladicte ville, et s'il y a grand nombre de personnes incongnuz portants armes.

R.

La justice en a informé et faict apprehention d'aulcuns : le procès desquels l'on approfondit par chascun jour.

Collation faicte sur l'original desdicts articles demeurez au Registre de la maison commune de la ville de Caen, par moy greffier d'icelle cy soubz signé : lequel present extraict a esté par moy baillé audict procureur pour soy en ayder ainsi qu'il appartiendra, suyuant ladicte desliberation cy dessus dabtee, aujourd'huy xxijᵐᵉ jour d'auril m.vᶜ lxiij.

LENICOLAIS.

Galerie de Segrais.

Segrais réunit, comme on sait, l'Académie dans sa maison après la mort de Moisant de Brieux. Il fit placer dans le lieu où elle tenait ses séances, les portraits de plusieurs Normands célèbres. Il en parle ainsi lui-même : « Je n'ai mis dans mon Académie, dit-il, que les portraits des hommes illustres dans les lettres, de notre province, excepté M. de Montauzier que j'y ai placé en qualité de notre gouverneur. Pour M. Bochart, qui étoit de la maison de Champagny, quoiqu'il ne fût pas de Caen, néanmoins y ayant demeuré plus de quarante ans, j'ai cru que je devois l'y mettre et le regarder comme s'il en eût été. J'y ai mis aussi ce petit buste de M. de Saint-Martin, avec son chapeau tel qu'il le portoit, pour marier le plaisant avec le sérieux. » Les autres personnages illustres dont Segrais avait placé les portraits dans son Académie, ainsi qu'il l'appelle. étaient : Vauquelin de la Fresnaye, Huet, Bertaut, Charles de Bourgueville, sieur de Bras (1), Jacques Daléchamps, Jean Rouxel, excellent poëte latin, Antoine Halley, Gilles Macé, grand astronôme, Jacques de Cahaignes, docteur en médecine, Sarasin et Moisant de Brieux. Quant à Malherbe, Segrais lui fit élever à la façade de sa maison une statue dont l'érection fut chantée par les poëtes du temps. Cette statue, qu'on a attribuée à Jean Postel, auteur de la statue en marbre de Louis XIV, brisée pendant la révolution, mais qui paraît être d'un autre sculpteur caennais, F. Micoin, a environ six pieds de haut. « Malherbe y paraît avec la lyre comme un nouvel Apollon. » Elle était placée sur un piedestal d'environ quatre pieds d'élévation, ayant à peu près la même largeur, et un pied et demi d'épaisseur. Sur le piedestal était une table de marbre noir avec une inscription en lettres d'or souvent citée. Vers 1775, M. d'Aurcher, propriétaire de la maison de Segrais, fit transporter la statue de Malherbe dans un petit jardin qui est derrière.

Segrais possédait encore une autre galerie composée des portraits de tous les personnages qu'il avait connus à la Cour. A l'exception de quatre que l'on attribue à Rigaud, ces portraits, au nombre d'environ cinquante, étaient des copies que Segrais avait fait faire lorsqu'il revint à Caen. Cette collection n'avait peut-être pas un bien grand mérite sous le rapport de l'art, mais elle en avait un autre : c'est celui qui provenait, non de sa valeur, mais de son origine. Par les souvenirs qui s'y rattachaient c'était pour notre ville un monument historique qu'on aurait dû conserver avec le soin le plus religieux. Mais, vers le commencement de ce siècle, M. d'Aurcher, attachant peu de prix à toutes ces vieilles peintures. en fit don à M. P.-A. Lair. Quelques années après, Mme d'Angerville, héritière de M. d'Aurcher, voulut se débarrasser aussi de la statue de Malherbe. M. Lair s'empressa de la recueillir. Il l'offrit à la ville qui la refusa : c'était sous la Restauration. Elle est donc restée chez M. Lair. Certes. elle ne peut être mieux placée que chez celui qui a fait frapper la médaille de Malherbe ; mais elle devait rester où Segrais l'avait fait ériger : là, c'était un monument deux fois

---

(1) Le P. F. Martin nous apprend que le portrait de M. de Bras se trouvait aussi en 1718, dans la bibliothèque des Cordeliers. C'est peut-être le même qu'avait possédé Segrais ; car il paraît que sa galerie normande ne tarda pas à être dispersée après sa mort. Quoi qu'il en soit, on ne connaît plus aujourd'hui aucun portrait peint de notre vieil historien.

consacré. Si nous rappelons ces faits, c'est pour réparer, autant qu'il est en nous, cet oubli des sentiments patriotiques, cette espèce d'ingratitude envers des hommes qui, après s'être illustrés, honorent par leur mémoire les lieux qui les ont vu naître. On saura donc au moins par l'histoire que Segrais eut une galerie dans les lieux où siégea l'Académie à son origine, qu'il y consacra une statue à Malherbe, et que cette statue, œuvre d'un artiste de cette ville, a reçu un pieux asile chez M. Lair. Puisse-t-elle un jour trouver place dans notre Hôtel-de-Ville, à cause du grand homme qu'elle représente, et en mémoire du poëte célèbre qui la lui fit élever !

Portraits des Hommes et des Femmes célèbres qui composaient la galerie de Segrais, que possède M. P.-A. Lair, conseiller de préfecture.

1. Le maréchal de Luxembourg.
2. Le maréchal de Bellefonds.
3. Le maréchal de Matignon.
4. Le marquis de Bougy.
5. Alain Goyon, grand écuyer.
6. Le comte de Coigny.
7. Le maréchal de Tourville.
8. Le maréchal d'Annebault.
9. Le maréchal d'Harcourt.
10. Le maréchal de Fervaques.
11. Pierre Corneille.
12. Le Poussin.
13. Le maréchal de Turenne.
14. Le Grand Condé.
15. Mlle de Montpensier, gouvernante de Normandie.
16. Catherine de Matignon, comtesse de Marsan.
17. Geneviève de Bourbon, duchesse de Longueville.
18. Marie-Anne Mancini, duchesse de Bouillon.
19. Catherine-Henriette d'Harcourt, duchesse d'Arpajon.
20. Elisabeth-Angélique de Montmorency, duchesse de Meckelbourg.
21. Cath.-Thérèse de Matignon, comtesse de Marsan.
22. Madeleine de Scudéry.
23. Cath.-Henr. d'Angennes, comtesse d'Olonne.
24. Marie-Marguerite de Valois, duchesse du Caylus.
25. Cath.-Henr. d'Angennes, maréchale de La Ferté.
26. Gilonne d'Harcourt, comtesse de Fiesque.
27. Laurence Gigault de Bellefonds.

Lettre du peintre Lebrun à Huet.

Un de nos jeunes écrivains normands, qui, après s'être joué à composer de ravissantes fantaisies humoristiques, vient de se montrer critique aussi ingénieux qu'original, M. Ph. de Chennevières, a publié dans ses *Recherches sur les Peintres provincaiux,* une lettre de Lebrun à Huet, relative au tableau du Baptême de Notre-Seigneur, conservé aujourd'hui dans le Musée de la ville. La Bibliothèque de Caen possède la copie d'une autre lettre de Lebrun, écrite près de quatre ans auparavant. Nous la donnons ici comme un nouveau document pour servir à la curieuse histoire de ce tableau.

Ce 28 octobre 1666.

Monsieur,

J'ai bien du déplaisir de la peine que vous avez prise de me chercher en tant d'endroits. Si j'avois su votre intention par un billet, je n'aurois pas manqué de vous faire réponse, comme je fais à présent, pour vous dire, monsieur, que je ne puis travailler au tableau du Baptême de Notre Seigneur, que les Thuilleries ne soyent entièrement achevées, et que le Roi n'y soit logé. J'espère que toutes les choses qui dépendent de moi seront terminées dans la quinzaine du mois prochain, après quoi je ne manquerai pas de travailler à votre tableau pour être achevé le mois d'après. Voilà ce que je crois pouvoir faire, à moins qu'il ne m'arrive quelque chose à quoi je ne m'attends pas. C'est là, monsieur, ce que vous pouvez mander à M⁰ˢ les marguilliers de St-Jean; et vous me ferez la grâce de croire que je suis, Monsieur, votre très-humble et très-obéissant, etc.

LEBRUN.

Feux de la Saint Jean.

Avant la révolution, le curé et les trésoriers de la paroisse St-Jean, allumaient le feu de la Saint-Jean devant le portail de l'église la veille de la fête. La même cérémonie avait lieu sur la place St-Pierre aux frais de la ville ; mais c'étaient le commandant de place, le maire et les échevins qui y présidaient. Les registres de la ville contiennent les récits officiels de cette cérémonie. Voici l'extrait d'une délibération du lundi 23 juin 1684 :

« Ayant esté délibéré ce qui estoit à faire pour le feu ordinaire de ce jour veille du jour et feste St-Jean, les sieurs Gueroult et Naude ont esté députés vers monsieur de Vieuxfumé, commandant pour l'absence de messieurs le comte de Coigny et la Croisette, pour le prier de faire l'honneur à la ville de mettre le feu au bûcher et faire tirer le canon ainsy qu'il est accoustumé.....

« Lesdits sieurs Gueroult et Naude se sont transportés au chasteau, precedés de deux sergents avec leurs escharpes et un trompette : d'où ils ont accompagné monsieur de Vieuxfumé jusques sur le pont de St-Pierre, où la compagnie estant descendue, precedée de l'huissier de la ville avec sa tunique de velours et des autres sergents avec leurs escharpes, et s'estant tous rendus ensuite en la place où le buscher estoit preparé, il a esté presenté par ledit huissier trois flambeaux, un à monsieur de Vieuxfumé, un autre à monsieur de Thoam, et un autre à monsieur de Croisilles, lesquels après les tours ordinaires ont mis le feu au buscher aux acclamations du peuple, de *Vive le Roi!* et bruit du canon qui a esté tiré du chasteau. Et ensuite ledit sieur de Vieuxfumé s'est retiré au chasteau où lesdits sieurs Gueroult et Naude l'ont accompagné, precedés desdits deux sergents et trompette, jusques à la barrière, et la compagnie s'est aussy retirée en cest hostel commun d'où elle s'est séparée. »

Anciennes Processions à la Délivrande.

La plupart des paroisses de Caen allaient en procession à la Délivrande et célébraient la grand'messe dans la chapelle de ce nom. Elles partaient de la ville à cinq heures du matin, et y rentraient vers quatre à cinq heures du soir. Le clergé descendait à l'église St-Julien. Après un peu de repos, il changeait de surplis et se rendait à son église, précédé de tous les porte-sonnettes, agitant à l'envi leurs instruments. Ces processions avaient lieu le dimanche ; la première, celle de St-Etienne, était fixée au quatrième dimanche après Pâques.

Deux communautés religieuses faisaient aussi le pélerinage de la Délivrande : les Carmes, le mardi de la Pentecôte, et les Capucins, le mardi dans l'octave de la Fête-Dieu. Ceux-ci quittaient leur église à deux heures du matin, suivis d'un concours prodigieux de fidèles, venus particulièrement de la campagne. Ils marchaient à la lueur des flambeaux, traversaient lentement les rues de la ville, et sortaient par le Vaugueux. A leur retour, ces religieux attendaient, près du reposoir établi à l'entrée du faubourg, la procession de St-Pierre à laquelle ils se joignaient, et assistaient dans l'église paroissiale au salut du St-Sacrement. Ensuite ils se dirigeaient vers leur monastère, toujours accompagnés d'une affluence considérable. On remarquait dans les rangs de la procession, sous divers costumes, des enfants de l'un et l'autre sexe : les garçons vêtus en St-Jean, c'est-à-dire couverts d'une peau de mouton, ayant pour bâton une longue croix ; les filles étaient, les unes élégamment parées (on leur donnait le nom de reines), les autres en habit de religieuses. Chaque enfant marchait à côté d'un capucin. Un ancien legs servait à payer la dépense du pèlerinage.

Les pèlerins suivaient le clergé, les uns à pied, quelques autres à cheval ; les femmes, placées dans de petites charrettes couvertes d'une toile, ou montées sur des ânes. Tous avançaient avec beaucoup de peine, tant le chemin était mauvais et souvent impraticable. (TH CAUVIN, *Souvenirs d'un Octogénaire de la ville de Caen.*)

Fête du 10 Août.

Aujourd'hui 25 thermidor, sixième année de la République Française une et indivisible, sur les huit heures et demie du matin, l'Administration Municipale s'est assemblée en la maison commune à l'occasion de la célébration de la fête du 10 août, dont le mode avait été indiqué les jours précédens par affiches du programme de l'Administration Départementale, qui s'était chargée de sa direction. Cette fête avait été annoncée la veille et le matin par des salves d'artillerie.

A neuf heures un détachement de grenadiers de la garde nationale et d'infanterie de ligne sont venus chercher l'Administration Municipale pour la conduire à la salle des séances de l'Administration Centrale.

Arrivés là, et les corps constitués s'y étant trouvés réunis, on s'est mis en marche sous la même escorte, augmentée par la compagnie des vétérans nationaux ; et parvenu vis-à-vis le poste des tribunaux, le cortége a défilé dans l'ordre suivant :

Un piquet de cavalerie ouvrait la marche ; venaient ensuite les canonniers avec leurs pièces, les tambours et la musique

4

de la garde nationale , les bataillons de la garde nationale , les instituteurs des Écoles primaires avec leurs élèves , les professeurs de l'École centrale avec leurs élèves , un piquet de la garde nationale, les employés dans la marine, ceux dans les divers services militaires , le tribunal de commerce , un piquet de la garde nationale, les juges de paix et leurs assesseurs , le tribunal de police correctionnelle, le tribunal civil , le tribunal criminel , un piquet de la garde nationale , la Commission des hospices. les payeurs et receveurs généraux du département, l'inspecteur des contributions, la Direction des domaines nationaux , un piquet de la garde nationale , les défenseurs de la patrie blessés , l'ADMINISTRATION MUNICIPALE, les tambours de la troupe de ligne, les artistes dramatiques, la musique de la 40e demi-brigade, l'état-major, un détachement de gendarmerie à pied , les commandans et officiers de la gendarmerie nationale, l'Administration centrale escortée par la compagnie des vétérans, l'infanterie de ligne, un détachement de cavalerie fermait la marche.

Le cortége , après avoir parcouru les rues de l'Union, de Descartes, de Pelletier, de l'Égalité et de l'Hospice, s'est rendu sur le Cours national où une décharge d'artillerie a annoncé son arrivée.

Les fonctionnaires publics, civils et militaires ont pris les places désignées pour chaque corps sur l'estrade établie à l'angle des deux Cours. Cette estrade était surmontée d'une pyramide sur laquelle on lisait différentes inscriptions. A peu de distance on remarquait un trône avec tous les attributs de la royauté , du fanatisme et de la féodalité.

Le président de l'Administration centrale (Regnée) a prononcé un discours analogue à la fête ; ensuite on a chanté un hymne à la Liberté et le Chant du Départ. A ces mots : *Tyrans, descendez au cercueil*, le pas de charge a battu , le canon a tonné , la troupe et les autorités constituées se sont précipitées vers le trône qui s'est écroulé au bruit de l'artillerie et de la mousqueterie. La statue de la Liberté a aussitôt été placée sur ses débris par les mains du président de l'Administration centrale. L'Institut de musique a exécuté de suite l'invocation à la Liberté.

Le cortége est retourné vers l'estrade et le président du Département a été suspendre à la pyramide des couronnes civiques avec l'inscription suivante dont il a proclamé les paroles : *les Français ne reconnaissent plus d'autres maîtres que les lois*. Cette cérémonie faite au bruit d'une musique guerrière et des cris répétés de : *Vive la République! Vive la*

Constitution de l'an III! a été suivie d'un discours prononcé par le commissaire du Directoire exécutif près l'Administration centrale. Après quoi les troupes ont défilé devant le cortége, qui s'est rendu dans le même ordre que dessus sur la place de la Liberté où il s'est séparé.

L'après midi à trois heures, le cortége s'étant réuni s'est rendu sur le Cours national, et a assisté aux évolutions militaires qui se sont faites dans la prairie, aux exercices de la joute sur l'eau et de la natation, en présence d'un peuple immense. Ces divertissemens ayant duré jusqu'à la nuit, le cortége est revenu sur la place de la Liberté où il s'est séparé, et l'Aministration municipale, rentrée au lieu de ses séances, a rédigé le présent procès-verbal de son assistance à cette cérémonie, à laquelle ont présidé l'ordre, la décence et la gayeté.

DIGUET, président.

LE JEUNE.   HASTAIN.   HÉLIE.

DELAROQUE, secrétaire.

XIII.

ENVIRONS.

ALLEMAGNE, sur la rive droite de l'Orne, près la route de Caen à Condë. Des bords escarpés du côteau crayeux au pied duquel coule la rivière, les regards contemplent un vaste et magnifique horizon; c'est le plus beau point de vue dont on jouisse aux environs de Caen. L'abbé de La Rue rapporte, d'après le témoignage de Zozime, que vers l'an 406, les Alains ayant dévasté les parties de la Gaule déjà ravagées par les Saxons, s'établirent sur plusieurs points de ce pays, et qu'on donna le nom d'*Alamannia* à ces établissements; il conclut de là que le village d'Allemagne pourrait avoir tiré son nom d'une colonie d'Alains. Cette conjecture nous paraît, comme à M. de Caumont, tout-à-fait gratuite et dénuée de vraisemblance. Le village d'Allemagne formait jadis deux paroisses, St-Martin ou la Haute-Allemagne, et Notre-Dame de la Basse-Allemagne. Ces deux églises existent encore, et le service divin s'y célèbre alternativement; mais c'est celle qui est bâtie sur le plateau qui domine la vallée de l'Orne, qui mérite le plus l'attention des antiquaires. La nef offre des murs en ar-

rête de poisson, mais elle est percée de fenêtres peu anciennes. La tour placée au centre est remarquable à l'extérieur par l'intersection des cintres ornés de zigzags qui décorent les fenêtres. M. de Caumont la croit du XII⁰ siècle ou de
la fin du XI⁰.

Cette paroisse est renommée par les pierres qu'on tire de
ses carrières, et appelées *Carreau d'Allemagne*. En ouvrant
une de ces carrières, on trouva, il y a déjà longtemps, une tête
d'homme avec un fer de lance et une pièce d'argent de Char-
les-le-Chauve. On découvrit encore à la fin de 1817, dans les
carrières ouvertes sur le bord de la rivière d'Orne un squelette
fossile de crocodile. Les débris en sont déposés au cabinet
d'Histoire naturelle de Caen.

C'est dans la commune d'Allemagne que se trouve le moulin
de Bourbillon, non loin duquel les seigneurs normands, ré-
voltés contre le duc Guillaume, et défaits par lui au Val-des-
Dunes, dans la campagne de Bellengreville, en 1047, se dirigèrent à la débandade pour passer l'Orne. D'après Wace (*Roman
de Rou*), ce fut entre Allemagne et Fontenay, que les fuyards,
épuisés de fatigue, essayèrent de traverser la rivière. Le carnage
fut si grand et les corps jetés à l'eau et emportés par le courant, « en tel nombre, dit la Chronique, que les moulins de
Bourbillon furent éclusés. »

ARDENNES. L'abbaye d'Ardennes, de l'ordre des Prémontrés,
fut fondée vers l'an 1521, par Aiulphe du Marché et Asceline,
sa femme. On voit figurer, parmi les bienfaiteurs de cette abbaye, Richard-Cœur-de-Lion et Jean-sans-Terre, ainsi que plusieurs autres personnages éminents de l'époque. Les restes
de l'Abbaye d'Ardennes sont encore imposants. L'église se
distingue par la légèreté et l'élégance du vaisseau ; elle se
compose d'une seule nef sans croisillons et est flanquée aux
quatre angles de petites tourelles d'un fort bel effet. La façade
qui appartient au XIV⁰ siècle est surtout très-remarquable.
Quelques personnes pensent que cette abbaye a été bâtie sur
les ruines d'un ancien temple consacré à la déesse *Arduina*,
divinité gauloise dont parle Tacite, et dont il est fait mention
dans diverses inscriptions.

Charles VII logea à l'abbaye d'Ardennes, pendant le siège
de Caen. Il en partit le 6 juillet 1450, pour faire son entrée so-
lennelle dans la ville.

BEAULIEU. La léproserie de Beaulieu, nommé aussi la *Grande Maladrerie*, fut fondée en 1160, par Henri II ; il ne reste
plus rien aujourd'hui de l'hospice construit par ce prince. Il y

a vingt-cinq ans, on en voyait encore les derniers vestiges ; mais ils ont disparu pour faire place à la maison centrale de détention. Près de cet établissement, sur le bord de la route, on remarque une petite église romane qui paraît de la seconde moitié du XIIe siècle, et que M. de Caumont a fait graver dans sa *Statistique monumentale*.

La chapelle Ste-Trinité ou du Nombril-Dieu, dont il est parlé dans beaucoup d'anciens titres, se trouvait à l'un des angles des bâtiments qui ont été détruits par suite de la reconstruction de la Maison centrale.

BERNIÈRES-SUR-MER. Village situé à 4 lieues 1|4 de Caen. Beau parc aux huitres. L'église de Bernières est une des plus remarquables de l'arrondissement de Caen. Elle est précédée d'une tour très-haute et très-élégante, qu'on croit du XIIIe siècle, et en avant de laquelle se trouve un charmant porche. Cette belle tour a 200 pieds de haut ; c'est la plus élevée de toutes celles qu'offrent nos églises rurales. La partie de la nef la plus voisine de la tour, avec ses colonnettes déjà minces et quelques arcades en pointe, annonce la fin du XIIe siècle. Le reste de la nef, vers le chœur, est plus ancien. Le chœur, qui paraît du XIVe siècle, est loin d'offrir le même intérêt.

BRETTEVILLE. On trouve souvent des jugements du grand bailli de Caen, rendus à Bretteville-sur-Odon, parce que dans le XVe siècle et les suivants, lorsqu'il y avait une épidémie dans la ville, comme on lui donnait toujours le nom de peste, le grand bailli transférait son tribunal à Bretteville.

CORMELLES. Cette paroisse était anciennement appelée *Cormelles-le-Royal*, à cause des priviléges que les rois de France avaient accordés à ses habitants. Elle n'offre rien d'intéressant aux archéologues ; l'église est moderne en grande partie. C'est à Cormelles que fut enterré le célèbre ministre protestant, Samuel Bochart Il repose dans un petit bois qui faisait jadis partie de l'habitation de M. de Colleville, son neveu, seigneur du fief de St-Julien dans cette paroisse, et qui était alors consacré à la sépulture de cette famille.

CREULLY. Chef-lieu de canton, à 20 kilom. de Caen sur la rive droite de la Seulle. Le célèbre Robert de Glocester, fils naturel de Henri Ier, roi d'Angleterre, devint baron de Creully en 1108. Quelques parties du château, monument remarquable d'architecture militaire au moyen-âge, paraissent appartenir à cette époque. L'église de Creully est assez intéressante ; la nef avec bas-côtés et le chœur à chevet droit, sont d'architecture romane. Cotman l'a fait graver dans ses *Architectural Antiquities of Normandy*. La halle, tant et peut-être trop vantée, fut bâtie par Antoine de Sillans, mort en 1641.

Fontaine-Etoupefour, canton d'Evrecy. Le château de Fontaine-Etoupefour est un des plus curieux qui nous restent dans l'arrondissement de Caen. L'ancienne entrée surtout avec son pavillon d'un effet si pittoresque est d'une très-grande élégance.

Fontaine-Henry. Le surnom de ce village lui vient de Henry de Tilly, mort en 1205, qui en était seigneur; il s'appelait auparavant *Fontaine-sur-Thaon*. L'église, sous l'invocation de Notre-Dame, offre un chœur roman, orné extérieurement d'une galerie bouchée dont les colonnes sont très élégantes. Quelques-unes de leurs bases sont ornées de perles. Une porte latérale, au sud, est aussi très-richement ornée et se marie bien aux arcatures. Cette partie de l'église a fixé à juste titre l'attention de l'antiquaire anglais Cotman, qui en donne un dessin dans l'ouvrage cité plus haut. La nef est moderne et sans intérêt.

Ce qui attire surtout les voyageurs à Fontaine-Henry, c'est le château que l'on trouve tout près de l'église, et dont la conservation est parfaite, dans toute la partie antérieure. L'édifice est de plusieurs époques, dit M. de Caumont, à qui nous empruntons cette description en l'abrégeant. La partie droite est la plus ancienne et peut dater de la fin du XVe siècle ou des premières années du XVIe. Les fenêtres en sont surmontées d'arcades en forme d'accolade et ornées de panaches et de feuillages frisés. Deux tours carrées rompent la monotonie des lignes horizontales. L'une est surtout remarquable par ses moulures; l'autre paraît plus ancienne que tout le reste, et dater de la fin du XVe siècle. A partir de la première tour, le style change complètement. Des arabesques, des rinceaux de la plus grande finesse et semblables à ceux que l'on rencontre sur les monuments les plus ornés du XVIe siècle, couvrent les murs avec profusion; l'entablement prend des proportions classiques. En un mot, tout annonce l'époque de la renaissance, et cette partie du château doit être du temps de François Ier. On voit d'ailleurs le millésime 1537 sur un arc des fenêtres de l'aile gauche. Les combles extrêmement élevés de cette aile et sa cheminée colossale dominent tout l'édifice. La grande cheminée n'est guère moins considérable que celles de Chambord, et prouve que dans les châteaux du XVIe siècle, ces accessoires sont de véritables monuments. Sur l'un des angles du pavillon s'élève une élégante tourelle à pans coupés, ornée de moulures et de médaillons.

La chapelle qui se trouve dans le parc paraît de la fin du XIIIe siècle, aussi bien qu'une petite tour accolée au chevet du côté du nord. Une partie de la nef a été reconstruite à une époque postérieure. Le sanctuaire est remarquable par les trois élégantes lancettes percées dans le chevet, et par l'autel sur lequel est une niche portée sur des colonnettes, destinée sans doute à abriter une croix ou un tabernacle, chose extrêmement rare aujourd'hui dans nos églises.

Hérouville, sur la rive gauche de l'Orne, avait jadis trois paroisses, dont l'une, St-Pierre, a été détruite à la révolution. L'église actuelle est sous l'invocation de St-Clair. L'architecture en est assez remarquable. La nef et les deux tiers du chœur appartiennent au style roman de la seconde moitié du XIe siècle. Dans le mur latéral du sud, on voit une porte bouchée dont l'archivolte est garnie de losanges; le tympan présente des sculptures en damier, et sur le linteau sont deux monstres à queue de serpent, rongeant le pied d'un arbre placé entre eux. Ce sujet, diversement rendu, se rencontre sur beaucoup d'édifices du XIe et du XIIe siècle; M. de Caumont, qui en donne un dessin, le croit symbolique. Olivier de Brunville, lieutenant-général du bailli de Caen, mourut à Hérouville le 28 août 1568, « en ung lieu par luy acquis et faict bastir, nommé Beau Regard. » Il fut inhumé le même jour dans l'église de cette paroisse.

Dans le hameau de Lébisey était un prieuré fondé pour l'abbaye d'Ardenne, en 1291. On en voit encore la chapelle dans les jardins de M. Signard d'Ouffières. L'habitation de M. de Magneville, à Lébisey, est remarquable par les beaux arbres exotiques qui ornent le parc et parmi lesquels on distingue un superbe cèdre du Liban. Un grand nombre de réunions géologiques et botaniques y ont été tenues à diverses époques; ce lieu est historique sous ce rapport. On trouve une description du parc de Lébisey dans le *Bulletin de la Société d'Horticulture de Caen*, mai 1846.

La foire St Clair est très-ancienne à Hérouville. On la tient le jour de la fête de ce saint (18 juillet) pour le louage des domestiques, et le dimanche suivant il y a une *assemblée* très-nombreuse des habitants de la ville et des environs.

Ifs, commune située au sud de Caen, au milieu de la plaine, et à droite de la route de Falaise. L'église qui mérite d'être visitée appartient à plusieurs époques. La nef, où l'on remarque une porte latérale semi-circulaire à voussures multi-

ples, est romane. La tour présente le même style jusqu'à la
moitié de sa hauteur ; le reste est dans le style ogival et date
probablement du XIIIe siècle. Cette tour élégante et svelte offre un beau type que l'on rencontre dans plusieurs paroisses du
diocèse. Le chœur a été construit vers le même temps que la
partie supérieure de la tour.

Au nord-est de la commune d'Ifs se trouve le hameau de
Bras, où il y avait anciennement une chapelle et un fief. On
sait que ce fief fut possédé au XVIe siècle par Charles de
Bourgueville qui en prit le nom de *Monsieur de Bras* sous
lequel il est encore si connu. Suivant l'abbé de La Rue, les
moines de St-Etienne de Caen en étaient seigneurs. Mais pendant les guerres de religion, on vendit plusieurs portions
des biens des évêques et des abbayes, malgré le clergé qui
dans la suite obtint des lettres patentes pour rentrer dans ses
biens en remboursant les acquéreurs. Les anciens bâtiments
qui menaçaient ruine ont été reconstruits vers 1820 par le propriétaire actuel. Il n'en reste plus aujourd'hui qu'une tour
carrée d'escalier, et une porte d'entrée au-dessus de laquelle
sont encore les armoiries de M. de Bras, qui portait *palé
d'or et d'azur de six pièces, au chef de gueules à trois fer-
moirs d'or.* On les voit aussi sur la cheminée de la cuisine ;
mais cet écusson appartenait autrefois à la cheminée de l'étage
supérieur, et en replaçant la pierre où il est sculpté, on a mis
le haut en bas. M. Bouet l'a dessiné pour nous : nous le don-
nerons dans les *Recherches sur M. de Bras* que nous nous pro-
posons de publier d'ici à un an ou deux.

LANGRUNE. Village situé sur la Manche, à 4 lieues de Caen.
C'est un lieu fort ancien, dont il est fait mention dans les
chartes du moyen-âge sous le nom de *Ingronia, Langronia,* etc.
La plage y est moins belle qu'à Luc ; mais il est fréquenté
aujourd'hui, pendant la saison des bains, par la société aris-
tocratique et les personnes qui aiment la vie calme. L'église
paroissiale, en forme de croix avec une abside à pans et une
belle tour centrale, est remarquable par ses dimensions et son
architecture. Parmi les extraits et les fragments du F. Piel,
qui m'ont été remis comme un témoignage de son amitié et
de sa sympathie si précieuses pour moi, j'ai trouvé une note
sur l'église de Langrune. Quoique écrite fort à la hâte, je crois
intéressant de la publier ici, d'autant plus qu'elle se rattache
à ses études sur St-Gilles. (1).

(1) Le travail que Piel avait entrepris sur cette église est sans doute mal-

« Les souvenirs de St-Gilles de Caen y sont sensibles encore : les trois dernières travées de l'occident, qui sont de plein cintre, les colonnes qui les supportent, l'arcature ogivale octogonale au-dessus. Il est facile de voir que les anciennes voûtes étaient à plein-cintre par des restes d'arcs diagonaux qui ont été retaillés pour les raccorder avec les nervures diagonales des voûtes ogivales postérieurement établies. — Comme à Saint-Gilles, les arcs de la grande voûte étaient reçus par trois colonnes, dont la coupe en plan formerait un trilobe. Ces trois colonnes étaient reçues par une espèce de pendant en encorbellement ayant sa racine au mur entre les retombées des arcs de la nef, au-dessus de l'abaque des chapiteaux des grosses colonnes. A la renaissance, on a coupé les colonnettes pour rétablir la symétrie et les raccorder aux colonnettes des autres travées de la voûte qui avaient été primitivement reçues en encorbellement à la hauteur du bandeau au dessus des colonnettes de l'arcature.

« Le style de Langrune est bien celui de St-Gilles ; mais il est moins pur, et tout y décèle une copie maladroite de cette église bien plutôt qu'un rudiment dégrossi plus tard par l'architecte de St-Gilles. Le ravalement du travail est mal fait, les moulures mal tirées, les plans mal dressés. L'ornementation est lourde, grossière. Ce qui indique encore que les voûtes de la vieille église étaient de plein cintre, c'est que les lunettes des voûtes des trois dernières travées au bas-côté sont de plein cintre. Les fenêtres de la grande nef sont ogivales ; elles appartiennent à la construction primitive. Les lunettes des voûtes faites après coup les coupent au dos d'âne comme celle de la tribune de St-Gilles, et celle qui est indiquée au mur du clocher de la même église. Les fenêtres des latéraux, même aux anciennes travées, ont été refaites dans ces derniers jours.

« Cette église est intéressante pour compléter ou pour expliquer celle de St-Gilles.

« Je ne doute pas que les contre-forts qui existent encore, de l'angle de l'occident jusqu'au portail latéral du nord, ne soient de la fondation et qu'ils n'aient été imités des anciens contre-forts de St-Gilles que la restauration de... a fait disparaître. Ils varient à l'angle et de deux en deux ; celui au droit

heureusement perdu pour nous ; il est probable qu'il l'avait emporté à Rome avec tous ses autres papiers qui sont restés au monastère de Sainte-Sabine.

des arcs doubleaux de la grande voûte sont (sic) de plus du double plus fort que ceux des autres travées. Et comme ces contre-forts n'existent que de deux en deux travées, il faut en conclure qu'une travée de voûte couvrait deux travées de nef, comme à la Trinité, à St-Etienne, et [c'est] la conséquence que je tire également pour l'église St Gilles.

« La corniche qui reçoit le toit comme à St-Gilles est formée d'un retrait en plan et d'une ligne de dents de scie. Elle est identique à celle de St-Gilles, et elle l'explique quant à la hauteur ; car elle est plus basse et elle ne pouvait qu'être haussée comme celle de St-Gilles par la substitution de la voûte ogivale à l'ancienne voûte.

« Il existe à l'occident de l'église de Langrune un porche intéressant pour compléter St-Gilles. L'ouverture extérieure est plein cintre ; l'arcade ouvrant sur l'église est ogivale, tronquée avant la retombée. Les arcs diagonaux sont en ogive ; les moulures sont reçues par deux colonnettes et deux pendants qui s'épanouissent du mur comme à l'intérieur. L'angle du pignon est modérément aigu. Il reste à la gauche de ce porche une fenêtre qui me paraît être la seule de l'origine. Elle est encore bonne pour compléter St-Gilles dont les murs des bas-côtés ont été refaits. (Cependant je ne crois pas que ce mur ait été jamais percé à St-Gilles.)

« Le grand pignon à l'occident est percé de deux fenêtres ogives géminées, sans ogive commune ; elles encadrent par le bas un cercle. »

LASSON. Le château de Lasson est un de ceux que le voyageur antiquaire ne saurait se dispenser de visiter ; après celui de Fontaine-Henry, c'est le plus important dans le style de la renaissance que possèdent nos contrées. Il se compose de deux corps-de-logis dont l'un fait saillie sur l'autre, disposition qui donne à l'ensemble de la masse plus d'effet et de mouvement. Les moulures qui décorent la façade de ce bel édifice sont riches et très élégantes Au-dessus du second ordre, un encorbellement très prononcé porte une frise ornée de cartouches, de médaillons et d'autres moulures usitées à cette époque, et au-dessus s'élève un parapet formant attique et dissimulant une partie du toit. Les lucarnes cintrées, les grandes cheminées qui dominent l'édifice. l'aiguille qui surmonte l'angle du corps-de-logis le plus saillant. la tourelle octogone qui renferme à l'une des extrémités du château l'escalier par lequel on monte dans plusieurs pièces et dans les galeries de l'attique, sont d'un excellent effet.

On voit dans la frise une inscription en grandes lettres qui a
singulièrement intrigué tous ceux qui ont visité Lasson. Il est
en effet bien difficile d'y trouver un sens ; elle paraît être une
de ces inscriptions énigmatiques dont la renaissance offre divers exemples. La voici :

SPERO LACON BY ASSES PEBLEN.

On ne connaît pas la date du château de Lasson ; mais le
style annonce le temps de François Ier. (*Statistique monumentale.*).

LOUVIGNY, charmant village qui n'est séparé de la ville que
par la prairie. Ses frais ombrages et ses guinguettes y attirent
de nombreux promeneurs chaque dimanche pendant la belle
saison ; c'est le Meudon ou le St-Cloud de Caen.

L'église de Louvigny qui est peu remarquable, se compose d'une nef, d'un chœur et d'une tour accolée à l'extrémité occidentale L'intérieur n'offre rien d'intéressant. Dans
le mur du chœur, du côté de l'Épître , on lit sur une
table de marbre une inscription attestant que, dans le sanctuaire, au pied de l'autel, est *déposé le cœur de révérendis-
sime mère Jourdaine de Bernières de Louvigny, fondatrice,
religieuse et supérieure du couvent des Ursulines de Caen,
morte en* 1670. Son corps, trouvé entier, en 1807, dans l'église
des Ursulines de Caen, fut transféré dans celle de la paroisse
St-Jean de la même ville, et son cœur fut inhumé à Louvigny,
dont ses ancêtres avaient possédé la seigneurie. Le château est
moderne et sans caractère, mais le parc est magnifique. M.
Alphonse Le Flaguais l'a célébré dans un beau sonnet.

La grande prairie située entre Louvigny et la ville de Caen
servit en 1417 à développer une partie de l'armée de Henry V,
lorsqu'il fit le siége de cette ville. Après avoir passé l'Orne à
Fontenay et être venu coucher à Eterville, ce prince fit, le
mercredi 18 août, dresser ses tentes dans la grande prairie, où
l'on voit encore plusieurs fossés qui faisaient partie des retran-
chements. A la droite du roi, du côté de Vaucelles, comman-
daient, sous le duc de Glocester, frère du roi, le comte de Pembroke, maréchal d'Angleterre , les sires d'Umfreville, de Ne-
ville, de Mautravers et de Willoughby ; et à sa gauche, du côté
de l'Abbaye-aux-Hommes et de St-Nicolas, sous le duc de Cla-
rence, les comtes de Warwick, de Huntingdon et de Salisbury.

Le prieuré d'Athis, appartenant à l'abbaye d'Ardennes, était
situé sur le territoire actuel de Louvigny. On l'a vu démolir
il y a peu d'années, avec un double regret ; car la main qui l'a

fait abattre n'aurait pas dû toucher la pioche sacriiége de la *Bande-Noire*.

Luc, village situé à peu de distance de la Délivrande et à environ un quart de lieue de la mer. La partie fréquentée est le hameau du Petit-Enfer qui s'élève près du rivage. Beaucoup d'habitations particulières se trouvent rapprochées de la plage, bordée principalement d'hôtels et d'auberges où les étrangers affluent chaque dimanche, et qui sont presque entièrement occupés pendant les plus beaux mois de l'année par les baigneurs.

L'église de Luc se compose d'une nef romane du XIIe siècle dans les murs de laquelle on a refait des fenêtres modernes. La tour paraît du même temps que la nef; mais il faut en excepter la plate-forme crénelée qui date probablement du XVIe siècle. Le chœur était roman comme la nef; mais il a été refait en partie. Dans la façade du porche dorique qui surmonte le portail se trouve une statue qui est probablement celle de saint Quentin, patron de l'église.

C'est du côté de Langrune, et assez loin dans la Manche que commence le long rocher du Calvados, fameux par le naufrage d'un des principaux vaisseaux de la *Grande Armada* de Philippe II, et qui a donné au département son nom assez baroque. Les principaux hôtels de Luc sont ceux de la *Barque*, du *Petit-Enfer*, de *Sainte-Hélène* et celui de la *Belle-Plage*, ouvert en 1858.

NORREY, canton de Tilly. L'église de Norrey, dit M. de Caumont, est sans contredit une des plus remarquables du département, et l'on s'étonne qu'un édifice aussi somptueux ait été élevé dans une paroisse dont la population n'a jamais dû être très considérable. Il est vrai que l'abbaye de St-Ouen de Rouen en avait le patronage, et que les églises d'abbaye sont toujours plus remarquables que les autres; mais ce fait n'explique pas la somptueuse ordonnance du monument; il faut qu'un architecte habile ait voulu se distinguer par cette œuvre.

Il existe sur l'église de Norrey une tradition que sa ressemblance avec la fameuse tradition relative aux deux rosaces de Saint-Ouen rend remarquable. Voici ce qu'on raconte dans le pays : « Le père ou le maître de l'architecte de Norrey avait construit la tour de Bretteville-l Orgueilleuse, et voyant celle de Norrey fort avancée et jugeant qu'elle ferait bientôt oublier la sienne, il fut pris d'un violent accès de jalousie et précipita son élève du haut des échafaudages. » On explique ainsi l'inachèvement de la tour de Norrey. C'est, comme nous l'avons déjà dit plus loin, l'éternelle histoire de la lutte des artistes. On retrouve cette tradition dans quelques autres paroisses de notre pays, notamment à Fierville-la-Campagne et à Billy, dont la flèche, ornée de crochets, est d'une grande élégance. Cette flèche, qui dès ma plus tendre enfance attirait mes regards par un charme inexplicable, a été mon premier enthousiasme : je n'oublierai jamais que c'est elle qui a éveillé en moi l'admiration pour l'architecture gothique, c'est-à-dire *la pensée chrétienne bâtie.*

Notre-Dame de la Délivrande. Le bourg de la Délivrande, célèbre par la statue de la sainte Vierge, qu'on y vénère, est situé sur la commune de Douvres, autrefois une des sept baronnies qui formaient la manse épiscopale des évêques de Bayeux. C'est une opinion généralement reçue que la chapelle fut fondée par saint Regnobert dans le VIIe siècle. Les Normands la détruisirent dans le IXe. Reconstruite en 1050 par Baudouin, seigneur de Reviers, qui devint comte de Devonshire, et richement dotée par les évêques de Bayeux et par des fondations particulières, elle fut de nouveau pillée par les protestants en 1562. La statue de la Vierge, échappée miraculeusement à ces ravages, fut enlevée de la chapelle pendant la révolution. Elle y fut rétablie sous l'administration du préfet Cafarelli.

La vénération dont jouit cette chapelle remonte à une époque peu éloignée de sa fondation ; elle était telle que les évêques de Bayeux ne prenaient jamais possession de leur siége qu'après avoir fait eux-mêmes le pèlerinage de la Délivrande. On venait la visiter de toutes les contrées de la Normandie, et il n'était pas rare qu'elle reçût les hommages des archevêques de Rouen, lorsqu'ils parcouraient leur province (1). La révolution suspendit pendant quelques années les hommages que la piété populaire rendait à la chapelle de la Délivrande ; mais l'impiété avait en vain renversé ses murailles et profané son tabernacle : la tradition des prodiges et d'une protection toute divine n'est pas sur la terre au pouvoir des dévastateurs. L'aurore d'un jour plus tranquille rappela les fidèles que l'orage avait éloignés. Le printemps, l'été et l'automne les y revirent chaque année, tantôt sous la conduite de leurs pasteurs et à

---

(1) L'histoire a conservé le souvenir d'un autre pèlerinage qui contribua à la célébrité de cette chapelle, s'il n'ajouta pas à sa sainteté : c'est celui qu'y fit Louis XI au mois d'août 1473. V. l'*Annuaire du Calvados* de 1830, page 46.

l'ombre de la bannière paroissiale, tantôt isolément comme ces pèlerins du moyen âge, qui, sans guide et sans défense, parcouraient le monde sous l'inspiration d'une pensée chrétienne. Une matinée, quelquefois un jour, sont consacrés à ces pieux devoirs envers celle qui console les affligés. Les hommes placent à leurs chapeaux, et les femmes à leurs corsets, des bouquets de ces fleurs artificielles qu'on vend à la Délivrande et qui sont ornées de paillettes d'argent. Ils retournent ensuite dans leurs demeures où les fleurs qui ont été présentées à l'offrande sont conservées en souvenir du voyage.

Les missionnaires du diocèse ont leur maison à la Délivrande. Il y existe aussi, depuis plusieurs années un couvent de religieuses, fondé par Mme de Sainte-Marie, fille de M. le comte Théodose d'Osseville. Cet établissement, destiné à offrir un asile aux pauvres orphelines, réalise une des plus nobles et des plus touchantes pensées du cœur de saint Vincent de Paul.

SAINT-GABRIEL. Le prieuré de St-Gabriel offre une des plus belles ruines du département, que M. de Caumont a signalée le premier, dès l'année 1819, à l'attention des archéologues et des touristes. Il fut fondé au XIe siècle, en faveur de l'abbaye de Fécamp, par le seigneur de Creully, Richard, fils de Tursting. M. l'abbé Laffetay en a publié une excellente description à laquelle nous renvoyons le lecteur.

THAN. Cette paroisse est quelquefois désignée dans les chartes de sous les noms d'*Honneur* ou de baronnie de Than.

L'église de Than est particulièrement remarquable par son architecture qui appartient au roman fleuri. Tous les antiquaires français et anglais la regardent comme un des plus beaux types de l'architecture normande. Longtemps on lui a attribué une date bien antérieure au Xe siècle ; telle était du moins l'opinion de l'abbé de La Rue. Mais tous ceux qui depuis lui ont étudié ce monument, surtout MM. A. Le Prévost, Gage et Stapleton, ne lui assignent pas une date antérieure à la première moitié du XIe siècle. On ne peut aujourd'hui rendre compte du motif qui fit placer l'église de Than loin des maisons du village, et dans un marais dont le sol s'est exhaussé successivement par les nombreux sarcophages en pierre que renfermait son cimetière. Cette manière d'enterrer les morts s'était même conservée jusqu'à la concession d'un nouveau champ de repos, faite vers le commencement de ce siècle, parce que les cercueils en bois baignaient souvent dans les fosses qui étaient remplies d'eau. Aussi les habitants des villages voisins disaient-ils que les enfants de Than noyaient leurs pères au lieu de les enterrer. Mme la comtesse de La Rivière, née de Than, a *généreusement* fait construire, dit M. de Caumont, une nouvelle église, près la principale agglomération des habitants de la commune. Nous disons, nous, que c'était là la plus funeste inspiration qui pût venir à Mme de La Rivière, et le plus déplorable emploi qu'elle pût faire de sa fortune. Depuis plusieurs années l'ancienne église est abandonnée. Mme de La Rivière, assure-t-on, a fait prendre aux habitants l'engagement de la conserver ; mais qui ne sent tout ce qu'une pareille garantie a d'illusoire ? Ainsi on a voué à une destruction certaine un monument d'une grande valeur architecturale, une église consacrée par la prière de tant de pieuses générations, et pour la remplacer par quoi ? Par une construction inqualifiable et à laquelle s'appliquent merveilleusement ces vers d'un poëte moderne :

> C'est comme un temple grec, tout couvert en tuile;
> Une espèce de grange avec un péristyle,
> Je ne sais quoi d'informe et n'ayant pas de nom;
> Comme un grenier à foin bâtard du Parthénon.

Il y avait à Than d'anciens fonts baptismaux fort curieux, que M. de Caumont a décrits dans le VIe volume de son Cours, et qui ont été, il y a déjà longtemps, jetés hors de l'église et brisés en plusieurs morceaux. Qui le croirait ? Ces actes de honteuse et sacrilége barbarie continuent de se commettre tous les jours sur notre terre normande, regardée comme le grand foyer du mouvement archéologique et régénérateur. L'église de Saint-Manvieux possédait un ancien autel orné de la statue du saint de ce nom, patron de la paroisse : statue curieuse par son travail, car sur la bordure de la chasuble et sur l'amict sont représentées les scènes de la Passion. Il y a deux ou trois ans on voulut avoir un autel neuf. Comme décemment la vieille statue, œuvre d'un artiste chrétien, ne pouvait plus y figurer, on la jeta hors de l'église dans un coin du cimetière, où elle gît mutilée avec une statue de saint Charles Borromée qui faisait pendant. Tandis qu'on était en voie d'embellissements, on fit construire un autel vers le milieu de la nef, endroit où il n'en a jamais existé tant que s'est perpétuée la tradition sacerdotale. De chaque côté de cet autel, dédié à la sainte Vierge, s'élève un énorme candélabre en plâtre, portant au lieu de lampe, une Renommée ou une Victoire comme celle qu'on voit sur la fontaine de la place du Châtelet à Paris, et dont le fût est décoré des trois Grâces dans toute l'exactitude du costume mythologique. La plume s'arrête : de pareils faits ne souffrent point de commentaire.

VIEUX, *Vedioca*, *Veocæ*, canton d'Evrecy. Ce village est célèbre par les grands souvenirs historiques qui s'y rattachent et son origine incontestablement romaine. C'est une opinion assez admise qu'il existait autrefois sur l'emplacement de cette commune une ville considérable qui devint la capitale des Viducasses, dont il est fait mention dans les Commentaires de César. Huet n'a voulu y voir qu'un camp romain ; mais des fouilles exécutées à la fin du XVIIe siècle, sous l'administration de l'intendant Foucault, et celles qui ont été essayées de nos jours ont révélé des traces nombreuses d'établissements d'un caractère permanent, tels qu'un aqueduc , un gymnase , des statues, des inscriptions monumentales qui ne permettent pas de douter que ce lieu n'ait été autrefois occupé par une cité importante qui aura disparu comme tant d'autres sous les pas des Barbares, à l'époque de la décadence de l'empire. Danville a pensé que cet établissement gallo-romain devait être l'*Aregenus* de la carte de Peutinger, et M. de Caumont a adopté cette opinion dans la seconde partie de son Cours d'antiquités. La découverte la plus importante qui ait été faite à Vieux est celle du piédestal en marbre, connu sous le nom de *Marbre de Thorigny*, parce qu'il avait été transporté au château des Matignon à Thorigny. Les inscriptions qui couvrent ce monument d'une si haute importance pour l'histoire de notre pays, ont été publiées de nouveau en 1833 par M. Ed. Lambert, qui a rectifié toutes les erreurs des savants qui s'en étaient occupés avant lui. La Société des Antiquaires de Normandie a fait faire des fouilles à Vieux, sur lesquelles on trouve des détails dans le tome XII de ses Mémoires et dans le premier volume de la *Statistique monumentale*. Il existait encore, au commencement du siècle dernier, près de ce lieu, une carrière de marbre rouge veiné, dont le cardinal de Richelieu s'était servi pour la chapelle de la Sorbonne, à Paris.

XIV.

ADDENDA ET CORRIGENDA.

SAINT-GEORGES-DU-CHATEAU, page 27.

En parlant de cette église, je me suis borné à reproduire

avec de légères réserves l'opinion de l'abbé de La Rue. J'avais
bien moi-même depuis longtemps quelques doutes ; je savais
qu'un officier distingué, M. le capitaine du génie de Courval,
qui avait beaucoup étudié le château, assurait qu'un examen
attentif de l'intérieur du bâtiment dont il s'agit l'avait convaincu que cet édifice n'avait jamais été une église : cependant
j'hésitai à venir attaquer de front une opinion sur laquelle
était pour ainsi dire échafaudée la célébrité du livre de M.
de La Rue. Mais, pendant l'impression de ce petit volume, un
jeune antiquaire plein de zèle et d'avenir, M. Raymond Bordeaux, d'Evreux, qui s'est beaucoup occupé de recherches sur
les monuments de notre ville, m'a communiqué une note qui
me semble ne plus laisser de place au doute, et dont je n'ai pas
besoin de faire ressortir tout l'intérêt, puisque je la mets sous
les yeux du lecteur.

« Il existe, dans l'enceinte du château de Caen, deux édifices
souvent signalés par les antiquaires, et sur lesquels nous avons
une opinion qui diffère de l'opinion commune. Le moins important des deux, situé vers l'entrée de la citadelle, était, au
moment où la révolution ferma nos églises, la paroisse de St-
Georges. Cette petite église avait été reconstruite presque entièrement à la fin du XVe siècle ; mais cependant l'antiquité de
sa fondation à l'endroit où on la voit de nos jours, est attestée à
l'extérieur par un mur latéral couronné de corbeaux à sculptures variées, et à l'intérieur par l'arche semi-circulaire du
chœur, appuyée sur des chapiteaux dont le style est celui qui
caractérise l'architecture normande du XIe et du XIIe siècle.
Ces fragments prouvent que l'abbé de La Rue s'est trompé en
plaçant la paroisse primitive de St-Georges dans un autre édifice plus vaste et entièrement du XIe siècle (1), adossé aux murailles, du côté du faubourg St-Julien. Ce second monument
aurait été, suivant le docte historien, une ancienne église abandonnée à une époque reculée. Il alléguait : « sa construction
« sans clocher, la forme semi-circulaire de sa porte et de ses
« fenêtres, son *sanctuaire* tourné à l'occident, contre l'usage
« qui a prévalu depuis, ses moulures en zigzag et les têtes de
« monstres qui couronnent extérieurement ses murs. » Mais
l'auteur du livre si vanté des *Essais historiques*, en faisant de
cette hypothèse la base de son ouvrage, n'avait oublié qu'une
chose : établir que ce monument avait été une église. Bien des
gens, en effet, supposent que tel édifice a été construit pour un
usage sacré, parce qu'il affecte des formes qu'on ne voit plus

(1) M. Stapleton l'attribue à Henry II. G. S. T.

qu'aux temples, et tous les jours on prend dans nos vieilles villes pour des chapelles, des caves ou des salles voûtées qui n'ont jamais été consacrées, et dont la disposition n'aurait pu convenir aux exigences de la liturgie. Le célèbre antiquaire s'y est laissé prendre, et son argument principal se retourne contre lui-même; car, si cet édifice n'était ni orienté ni muni d'une tour, ce n'est pas la preuve d'une antiquité particulière (il ressemble à tous les monuments du XIe et du XIIe siècle de la contrée), c'est seulement qu'il n'avait pas été élevé pour le culte. C'est bien gratuitement qu'il lui donne un sanctuaire; car nous savons qu'à l'intérieur il y a seulement une vaste salle fort régulière et non voûtée, où rien ne rappelle la disposition d'une église (1). Quant à son abandon prétendu et à la translation du culte dans une nouvelle paroisse, l'abbé de La Rue et ses copistes n'en ont donné aucune preuve. La reine Mathilde avait acheté du chapitre de Bayeux le patronage de St-Georges pour le donner à l'abbaye de la Trinité; mais on ne voit pas à quelle époque cette abbaye aurait laissé déplacer la paroisse. On sait d'ailleurs qu'une église changée de place était un fait presque inouï au moyen-âge, et avec quelle répugnance on abandonnait alors à des usages profanes les édifices qui avaient été consacrés. Or, de temps immémorial, la prétendue église primitive de Caen était un arsenal. Quel motif pour abandonner le lieu saint (alors que la guerre ne l'avait pas détruit), et pour transférer l'autel dans un temple plus petit, qu'il fallut rebâtir presque entièrement au XVe siècle ?— Un fait mieux établi, c'est que l'Échiquier des causes siégea dans cette prétendue église primitive: les rôles de l'Échiquier sont datés du château de Caen et même souvent de la *Salle de justice* de ce château, *in* AULA *regis in castello Cadomi* : L'abbé de La Rue, frappé d'un arrêt rendu en 1184, *in capella beati Georgii martyris apud Cadomum*, a, sur cet arrêt unique, imaginé à la fois et qu'on jugeait habituellement dans l'église St-Georges, et que cette paroisse avait été transférée. Cette double opinion s'est accréditée chez les antiquaires normands. M. Floquet lui-même, dans son *Histoire du parlement de Normandie*, s'est fié au livre tant préconisé de M. de La Rue, et a reproduit comme beaucoup d'autres l'assertion que nous combattons. — Pour nous, frappé de l'étrangeté de la présence simultanée de deux églises romanes dans le châ-

(1) Il faut surtout noter l'absence de la grande arcade qui sépare le chœur de la nef et qu'on retrouve jusque dans les moindres églises de campagne. Cette circonstance seule peut, en quelque sorte, être regardée comme une preuve tout à fait décisive. G. S. T.

teau de Caen, alors qu'il n'y avait jamais existé qu'une seule paroisse, nous pressentîmes que cette prétendue église originaire avait été bâtie exprès pour faire une cour de justice près du palais de nos ducs, et que la capitale de la Basse Normandie pourrait sans doute se vanter de posséder encore à la fois et un spécimen complet des grandes constructions civiles de ces temps éloignés et peut-être le plus ancien palais de justice qui soit dans nos contrées. Nous avions déjà rassemblé ces idées, lorsque, pour contrôler notre opinion, nous avons consulté d'une part les *Rotuli Scaccarii*, que vient de mettre au jour la Société des Antiquaires de Normandie, et l'ouvrage que M. Stapleton avait, aux frais de la Société des Antiquaires de [Londres, publié sur le même sujet. Nous avons été surpris de trouver notre opinion encore incertaine, victorieusement soutenue et démontrée par M. Stapleton. Mais nous avons été plus étonné encore de trouver, dans la publication des Antiquaires caennais, la répétition pure et simple de l'assertion de l'abbé de La Rue, sans que rien annonce qu'on ait au moins lu la réfutation de l'auteur anglais, renfermée dans la préface même de l'ouvrage que l'on réimprimait. Cependant M. Stapleton avait pris soin de faire graver les fragments romans de l'extérieur et de l'intérieur de la véritable église St-Georges, et de donner une vue intérieure de l'autre prétendue église, avec cette légende : *Hall of the Exchequer, Caen*. Il avait cité des arrêts rendus in AULA *regis in castello Cadomi coram judicibus regis ad Scaccarium sedentibus* ; expliqué cet unique arrêt du cartulaire de l'abbaye de Troarn, qui porte qu'il fut rendu *in capella beati Georgii martyris*, et signalé franchement l'étrange assertion (*the strange assertion*) hasardée par le dernier historien de Caen (1) . Puisque M. Stapleton n'a pu se faire lire en France, cette simple note aura peut être le mérite d'être

(1) Comme l'ouvrage de M. Stapleton est extrêmement rare en Normandie, je crois utile de donner ici le passage auquel M. Bordeaux fait allusion. Après avoir décrit l'église St-Georges, située à l'entrée du château, et qui servait d'église paroissiale à l'époque de la révolution, M. Stapleton ajoute :
« I may here remark that the late historian of Caen must have been
« unaware of these existing portions of the ancient structure, or, it is
« presumed, he would not have hazarded the strange assertion, that the
« building which has been described as an *aula* was originally the
« parish church of St. Georges ; nor, in order to account for the posi-
« tion of the choir, necessarily at the west end if it were an ecclesias-
« tical edifice, for the entrance is to the east, have argued that it was
« the work of the tenth century, and the primitive church of Caen. »

le premier travail français mis au jour pour combattre une opinion beaucoup trop accréditée. »

CROISIERS, page 47.

L'église des Croisiers renfermait un assez grand nombre d'inscriptions tumulaires, dont quelques-unes sont conservées dans un manuscrit de la Bibliothèque. Parmi ces inscriptions, il y en a une que j'ai aimé à recueillir, parce qu'elle est touchante et rappelle un des p'us beaux noms de notre province et de la magistrature françai-e. C'est l'épitaphe des deux jeunes filles de Claude Groulart, premier président du parlement de Normandie, cette grande et noble figure si admirablement remise en lumière par M. A. Floquet. On sait qu'après le triomphe de la Ligue à Rouen, un édit de Henri III, en février 1589, transféra le siége de la justice souveraine à Caen. Le parlement fidèle y siégea jusqu'au mois d'avril 1594. C'est pendant ce temps que Groulart perdit ses deux filles « qui avaient à peine salué la vie. » Elles furent inhumées dans l'église des Croisiers, sans doute parce que la famille Turgot y avait sa sépulture, et que leur père voulut qu'elles reposassent auprès de ceux qu'il aima et qui l'aimèrent tant lui-même. Cahaignes rapporte, dans son éloge de Jean de Turgot, qu'il avait conçu une si vive affection pour l'illustre magistrat qu'il ne put lui survivre. Cette épitaphe, d'une latinité fort élégante quoique un peu recherchée, est pleine de délicatesse et de sentiment. Qu'il me soit permis de l'offrir ici à l'auteur de l'*Histoire du parlement de Normandie*, « cette œuvre de grand labeur et de grand talent (1), » comme un témoignage d'admiration pour son esprit, de respect pour son caractère et de reconnaissance pour sa précieuse estime.

D. O. M.

Quisquis es, resta, et asta tantisper, dum hæc pellegis, parvæ moræ magnum quandoque pretium. Barbara et Catharina Groulart, duæ virgunculæ mellitæ et scitulæ, duo corcula utriusque parentis, duo solatiola, utraque nata in hoc flebili rudere patriæ heu! nimium deformatæ, utraque bimula, ac vix dum exacto uberum suctu, illa prid. non. Oct. an. M. D. XCI : hæc ut sorori æmulam dicas vn id. Oct.

(1) *Eloge de Claude Groulart*, par M. Sorbier, avocat-général

insequentis anni, vitam, quam tantum salutaverant exhala-
runt in complexu parentum mœstiss. quorum supremo in
defunctas munere, corpusculis hic est reclusa humus et
justa persoluta. I nunc sane et dole et lacryma quod, in-
quis, castæ animulæ terris ereptæ, cœlo redditæ, minime
gentium : sed quod tu isthic relictus, spolium, ni cares, pec-
cati et præda mortis. Avete dulcces animulæ.

H. V. M. M. P. P.

Armes : d'azur aux trois châteaux,
deux en face et un en pointe.

ORATORIENS, page 48.

En reproduisant l'article de l'Annuaire, j'ai dit que l'église
que la communauté de l'Oratoire possédait dans cette ville avait
été démolie au commencement de la révolution ; c'est une erreur qu'un ancien membre de cette congrégation, le vénérable
M. Cauvin, a signalée dans ses *Souvenirs d'un octogénaire*. La
chapelle de l'Oratoire, placée au rez-de-chaussée du bâtiment
qui s'avance de la rue au fond de la cour, avait son entrée sur
cette cour. Les Oratoriens, faute de fonds, n'avaient pu bâtir
d'église à Caen.

LE GRAND CHEVAL DE L'HÔTEL LE VALOIS, page 70.

Il est assez difficile de savoir aujourd'hui avec certitude quel
était le sujet de ce monument de sculpture autrefois si célèbre
à Caen. Selon Huet il représentait le Fidèle et le Véritable de
l'Apocalypse suivi de ses armées. Cahaignes, en parlant du
cavalier, l'apelle le Géant, *Gigas* ; mais si j'ai bien cherché, le
mot Géant ne se trouve pas une seule fois dans toute l'Apocalypse. Segrais se borne à dire qu'il représentait « des sujets
tirés de l'Ecriture Sainte, » et il ajoute que « les Allemands
vinrent y chercher des mystères de chimie. » Il paraît qu'on y
avait vu aussi quelque personnage mythologique ; car Laroque,
dans sa description manuscrite de Caen, dit : « Mais la plus
belle maison aujourd'hui, sans contredit, est celle du Grand
Cheval d'Hercule. » On assure qu'un peintre de la ville possède un dessin de ce groupe ; si le fait est exact, il serait important de le publier, car il pourrait résoudre la question.

SÉPULTURE DE M. DE BRAS.

J'ai exprimé le vœu de voir consacrer un monument à la mémoire de M. de Bras, ce père de notre histoire, cet homme au caractère vraiment antique, qui a exercé avec tant de patriotisme la première magistrature de la cité, dont il fut maire et juge politique. L'indifférence du monde littéraire et administratif envers ce grand citoyen dont le nom est resté si populaire, a été telle que le lieu même de sa sépulture est environné d'incertitude. Cabaignes dit dans ses Éloges qu'il fut inhumé dans la chapelle de la famille de Bourgueville, située à droite du grand autel de l'église Saint-Pierre : *sepultus est in sacello familiæ Burguevilæ, quod est a dextro latere magni altaris S. Petri Cadomensis.* L'abbé de La Rue, au contraire, prétend qu'il a été enterré à Saint-Jean, dans la chapelle Saint-Jérôme, « à la seconde du côté de l'épître, vis-à-vis le sanctuaire, » et où il avait fondé un obit en 1578. Lorsque j'écrivis la notice placée en tête de la réimpression des *Recherches et Antiquitez*, j'adoptai sans examen l'opinion de l'abbé de La Rue. J'étais sous le prestige qui environnait le nom de cet antiquaire dont les assertions en tout ce qui concernait l'histoire de notre ville étaient regardées alors comme autant d'oracles. Mais suivant sa coutume il ne cite pas les autorités sur lesquelles il s'appuie. Ce n'est pas ainsi cependant que l'on procède quand on vient avancer une assertion opposée à celle d'un écrivain contemporain et digne de foi. Je suis fermement convaincu aujourd'hui que M. de La Rue est tombé dans une erreur dont l'explication est très-facile. Il aura trouvé quelque part une copie des lettres de fondation de l'obit ou service des quatre Docteurs, fondé par M. de Bras, dans la chapelle Saint-Jérôme à Saint-Jean, et il en a conclu avec son incroyable légèreté de critique que M. de Bras y avait été enterré. Mais cette fondation n'est rien moins qu'un argument sans réplique, et la preuve c'est que, deux ans auparavant, il avait fondé un autre service, le jour de la conversion de saint Paul, dans la chapelle de sa famille, à Saint-Pierre. L'original sur parchemin et annoté de sa propre main, est conservé aux archives de la Préfecture, série E, liasse n° 249. En voici un extrait : « Et sera baillé au prédi- « cateur la somme de dix sols tournois, lequel dira une basse « messe en la chapelle dudit de Bourgueville, fondateur, qui « est la chapelle appelée de *Ecce Homo*... Et à la fin de la « grande messe sera chanté le *Libera* et oraisons accoustu-

« mées pour les deffuncts en ladite chapelle de *Ecce Homo*,
« où sont inhumez les pere , mere et predecesseurs dudit de
« Bourgueville. *Recommandant ledit fondateur les âmes de*
« *sesdits predecesseurs, de luy, sa femme et successeurs* (1)
« à la memoire desdits gents d'église , peuple qui assistera
« audit service et aux pauvres. » Cette première fondation
était de cent cinq sols. Il l'augmenta de vingt cinq sols le 25
janvier 1591 ; il la confirma le 25 janvier 1593, l'année même
de sa mort, et en assura le paiement par une rente à prendre
sur une maison de la rue de Geôle , appelée la *Croix Verde*.
Cette donation se montait ainsi à six livres dix sols ; celle de
Saint-Jean n'était que de soixante et dix sols. On peut conclure
de tous ces faits que la fondation de Saint-Pierre était la
principale, celle à laquelle M. de Bras prenait un intérêt particulier, puisqu'il n'a cessé, pour ainsi dire , de s'en occuper
pendant près de vingt ans. D'ailleurs , quand on connaît son
pieux respect pour toutes les vieilles et saintes traditions, et
même son amour des priviléges, on cherche vainement pourquoi il ne se serait pas fait inhumer dans la chapelle consacrée à la sépulture de sa famille. Je n'hésite donc point à me
prononcer pour l'assertion de Cahaignes qui est si positif et
doit seul faire autorité. Il était alors un des gouverneurs de
la ville ; les funérailles de M. De Bras durent faire assez de
sensation à Caen pour qu'il en fût exactement informé. Peut-
être même y assista-t-il , soit comme échevin, soit comme professeur de l'université dont M. de Bras fût aussi le bienfai-
teur. Ainsi . jusqu'à ce qu'un document authentique vienne,
en termes formels, prouver le contraire, je croirai que c'est
dans l'église Saint-Pierre que reposent les dépouilles mortelles
de l'auteur des *Recherches et Antiquitez de Caen*. Mais le
clergé de cette église ne connait pas plus aujourd'hui la chapelle de l'*Ecce Homo* que celui de Saint-Jean ne connaît la chapelle Saint-Jérôme. D'après l'indication de Cahaignes, elle se
trouvait à droite du maître-autel. C'est probablement celle qui
est consacrée à saint Vincent de Paul (et non de Paule comme
on l'a écrit). La clef de la voûte porte un écusson sculpté ; mais
les armoiries en sont tellement effacées et recouvertes de badigeon, qu'il est impossible de les reconnaître.

(1) Les mots en italique sont soulignés dans l'original.

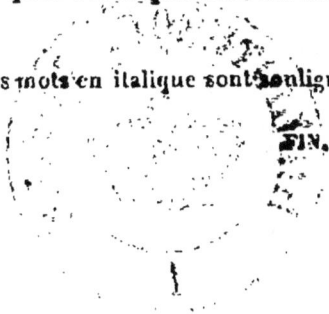

FIN.

TABLE DES MATIÈRES.

FIN DE LA TABLE.

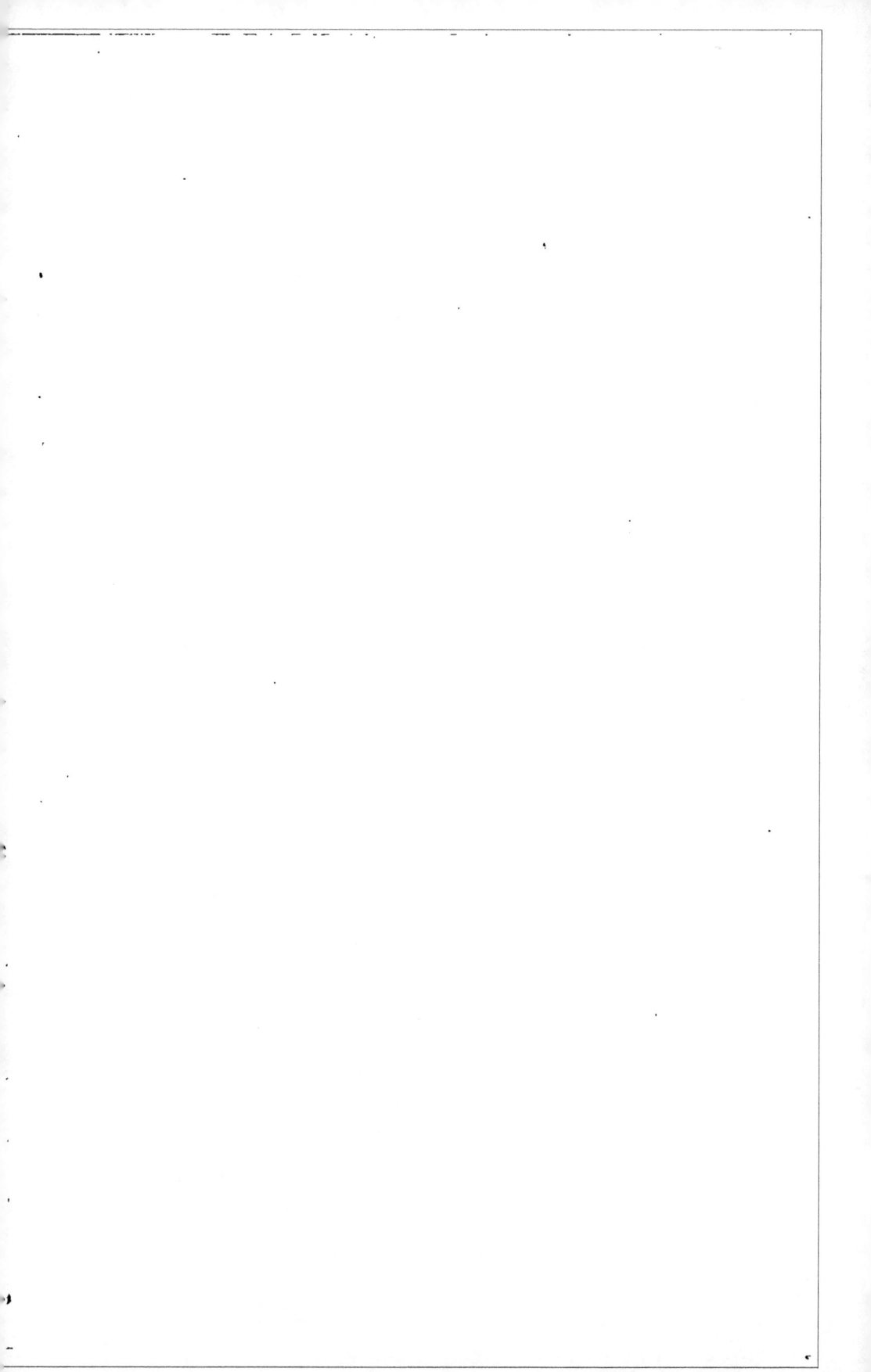

www.ingramcontent.com/pod-product-compliance
Lightning Source LLC
Chambersburg PA
CBHW071812090426
42737CB00012B/2053